D171980S

Hanno Beck / Juliane Schwoch

DER GROSSE PLAN

Hanno Beck / Juliane Schwoch

DER GROSSE
PLAN

Wie der gutmütige Waschbär eine Firma gründet, die schlaue Eule das Geld erfindet und beide beinahe vom bösen Wiesel überlistet werden

Ein Wirtschafts-
märchenbuch nicht
nur für Kinder

Frankfurter Allgemeine Buch

Bibliografische Information der Deutschen Nationalbibliothek
Die Deutsche Nationalbibliothek verzeichnet diese Publikation
in der Deutschen Nationalbibliografie; detaillierte bibliografische
Daten sind im Internet über http://dnb.d-nb.de abrufbar.

Hanno Beck / Juliane Schwoch
Der große Plan
Wie der gutmütige Waschbär eine Firma gründet, die schlaue
Eule das Geld erfindet und beide beinahe vom bösen Wiesel
überlistet werden

F.A.Z.-Institut für Management-,
Markt- und Medieninformationen GmbH
Mainzer Landstraße 199
60326 Frankfurt am Main
Geschäftsführung: Volker Sach und Dr. André Hülsbömer

2. Auflage
Frankfurt am Main 2012

ISBN 978-3-89981-258-9

Frankfurter Allgemeine Buch

Copyright   F.A.Z.-Institut für Management-,
              Markt- und Medieninformationen GmbH
              60326 Frankfurt am Main
Gestaltung
Umschlag/Satz Anja Desch
Illustrationen Karsten Schreurs, GROBI Grafik & Illustration, www.grobi-grafik.de
Druck   BERCKER, Hooge Weg 100, 47623 Kevelaer

Printed in Germany

INHALT

1. KAPITEL:
NACH DEM STURM

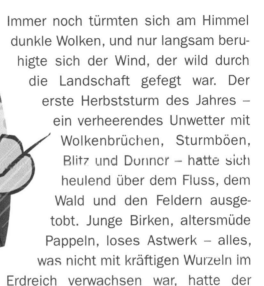

Immer noch türmten sich am Himmel dunkle Wolken, und nur langsam beruhigte sich der Wind, der wild durch die Landschaft gefegt war. Der erste Herbststurm des Jahres – ein verheerendes Unwetter mit Wolkenbrüchen, Sturmböen, Blitz und Donner – hatte sich heulend über dem Fluss, dem Wald und den Feldern ausgetobt. Junge Birken, altersmüde Pappeln, loses Astwerk – alles, was nicht mit kräftigen Wurzeln im Erdreich verwachsen war, hatte der Sturm mit sich gerissen und in sämtliche Richtungen verteilt. Bäume waren umgestürzt, Hecken entwurzelt, Teile des Flussufers waren von der Flut weggeschwemmt worden. Der Fluss war weit über das Ufer getreten. Treibgut trudelte den ansonsten tiefblauen, heute dreckigbraunen Fluss hinab.

 ## Die Rettung

Da – mitten in den aufgewühlten Fluten regte sich etwas, schüttelte sich, Wasser spritzte: Biber! Biber trieb flussabwärts, er kämpfte. Mit aller

Kraft ruderte er zum Ufer, zog sich auf das Trockene und schüttelte seinen braunen, nassen Pelz, so dass die Tropfen zu allen Seiten flogen. Er war mit Mühe den Fluten entkommen. Aber was war mit seinem Biberbau? Langsam schaute Biber die strömenden Wassermassen hinauf zur Flussbiegung, wo sein Zuhause gewesen war: Seine über den Sommer sorgsam gesammelten Baumstämme hatte der Fluss mit sich gerissen, sein Heim lag offen und ungeschützt der Flut ausgeliefert. Schlafstube und Küche waren nicht mehr zu sehen. Das dreckige Flusswasser gurgelte durch das Wohnzimmer und die Vorratskammer. Die Möbel waren weggeschwemmt und ebenso alle Vorräte. Gerade trudelte sein Lieblingshocker zertrümmert an ihm vorbei. Biber seufzte. Sein gemütliches Heim, seine Zuflucht für den Winter – es war nicht mehr sein Zuhause. Seine Vorratskammer war leer, sein Feuerholz für die kalte Jahreszeit weg. Alles weg.

Biber wandte seine kleinen dunklen Augen ab, drehte dem Fluss den Rücken zu und blickte auf den Wald. Er schüttelte noch einmal das Wasser aus seinem Pelz und zog los. Vielleicht war dort im Wald jemand, der ihm helfen würde. Trotz seines Kummers schritt Biber kräftig aus, und schnell erreichte er den Waldesrand, dort, wo das Wasser nach dem Unwetter zwischen den Bäumen hindurchströmte.

 ## Neue Freunde

Als Biber sich dem Waldesrand näherte, sah er dort schon aus der Ferne eine Gestalt mit hängenden Schultern stehen. Als er näher kam, erkannte er eine junge Hasendame, die traurig vor den Resten ihres Hasenbaus stand. Er war sorgfältig in einen Erdhügel hineingegraben gewesen, aber jetzt hatten Sturm und Regen ihm arg zugesetzt. Lillie, so hieß die Hasendame, war eine elegante Erscheinung mit langen, sandfarbenen Hasenohren, einem wachen Blick und regen Geist. Nun, zumindest an normalen Tagen. Heute, nach dem Sturm, hingen ihre Schultern herab, ihre abgeknickten Hasenlöffel schwankten bedenklich, und ihr Blick war voller Sorge.

Glücklicherweise war Lillie während des Unwetters aus ihrem Bau geflüchtet: Kurz nach ihrer Flucht hatte die Decke des Erdbaus dem Gewicht der Wassermassen nicht mehr standgehalten und war eingebrochen. Die wassergetränkten Erdmassen hatten die hübsch eingerichtete Hasendamenwohnung unter sich begraben, Möbel zertrümmert und die sorgsam gelagerten Vorräte vernichtet. Lillies Behausung war verwüstet. Nun stand sie geknickt mit hängenden Hasenohren am Waldesrand, dort, wo Biber sie fand.

„Sie sieht so traurig aus", dachte Biber. Er nahm sich ein Herz: „Schlimmer Sturm", brummelte er. Lillie nickte, ihre sandfarbenen Ohren schwankten bedenklich. „Aber wir leben!", fuhr Biber fort. Wieder ein Wackeln und Knicken der pelzigen Hasenlöffel, allein, dass das Hasenmädchen kein einziges Wort zu ihm sprach. „Hat dir der Sturm einen Staubballen in den Mund gefegt?"

Biber, das weiß man, gelten von Natur aus nicht als sonderlich höflich. Aber unter der scheinbar rauen Schale verbarg sich das größte Biberherz der ganzen Auenlandschaft.

Lillie hob ihren Blick. Ihre braunen Augen glitten über die Verwüstung im Wald und das überflutete Flussufer und sahen dann – endlich – in das langzahnige Bibergesicht. „Na", fragte er, „geht es dir gut?" Lillie nickte, räusperte sich und antwortete. „Ja, danke. Mir geht es gut. Es ist alles kaputt, aber mir ist nichts passiert. Und dir?" Biber klackerte mit den Zähnen: „Könnte besser sein. Schätze, dass wir nicht die Einzigen sind, die ihr Zuhause verloren haben."

Natürlich – wie war es wohl den anderen Tieren ergangen, schoss es Lillie durch den Kopf. „Ich muss zu Waschbär, er ist mein bester Freund. Er ist ganz allein, und er hat so oft Angst und immer Hunger, und er wird frieren. Schnell, wir müssen Waschbär suchen!" Biber nickte. Diese Frauen, erst stumm, dann wahre Wasserfälle. Aber sich um seine Freunde zu sorgen, das leuchtete Biber ein. „Ich begleite dich", murmelte er, drehte sich um und stampfte los, flussaufwärts zu den Flussauen. Denn wo sonst soll ein Waschbär leben, wenn nicht in den Auen?", dachte er sich. Lillie räusperte sich: „Wir müssen in die andere Richtung", sagte sie, lächelte Biber schüchtern an und lief zielstrebig in den Wald hinein.

 ## Waschbär

Nach wenigen Minuten erreichten sie eine hohe, buschige und arg zerzauste Brombeerhecke. Sie raschelte vor sich hin, ganz leise, fast unmerklich. Und wenn man genau hinsah, sah man die Dornenranken schwach zittern. „Das muss Waschbär sein", rief Lillie und sprang mitten in die Dornenranken. Tatsächlich, im Herzen der Brombeerhecke hatte Waschbär ganz allein den Sturm überstanden, nachdem sein Unterschlupf, eine Kugel aus biegsamen Ästen, gefüttert mit Moos und dem weichesten Heu, das er im Sommer gesammelt hatte, fortgeweht worden war. Jetzt zitterte er vor Kälte und zuckte im Schlaf. „Er lebt!", hörte Biber vor der Hecke das Hasenfräulein erleichtert seufzen. Im Innern des Rankengeflechts rumorte es kräftiger.

Man hörte Quieken, Stimmengewirr und Gebrummel, und schließlich tauchte Lillie mit einer struppigen, grauen, runden Pelzkugel wieder auf. Die Kugel rollte Biber direkt vor die Füße. Sie zitterte noch einmal, und sichtbar wurden vier für die Größe der Pelzkugel erstaunlich zierliche Pfoten und eine weiße, kurze Schnauze mit einer schwarzen glänzenden Nase. „Biber, das ist Waschbär", stellte Lillie vor. „Tach auch", brummelte Biber in seiner typischen Biber-Brummeligkeit. „Ha …, ha …,hallo", antwortete die Stupsschnauze, die mehr und mehr aus der Fellkugel hervorlugte. Sichtbar wurden zwei dunkle Knopfaugen, ein Paar Ohren, ein großer runder Bauch und ein buschiger, geringelter Schwanz. Der aufgerichtete, entwirrte Waschbär glich im Umriss immer noch sehr der Pelzkugel, als die er Biber vor die Füße gerollt war. Waschbär war nun einmal ein gemütliches Tier, ein Genießer. Na ja, die Wahrheit? Er war dick. Aber so muss ein Waschbär sein, oder?

„Biber kommt vom Fluss. Sein Bau ist überflutet worden", versuchte Lillie das Gespräch in Gang zu bringen. „Ja, ich konnte mich nur mühsam aus den Fluten retten", klackerte Biber. „Mein Bau, mein Zuhause und meine Vorräte – alles verloren. Als ich zum Wald gelaufen bin, um nach Hilfe zu suchen, habe ich deine Freundin Lillie getroffen und sie zu dir begleitet." Lillie nickte eifrig. „Auch mein Bau ist komplett zerstört, Waschbär. Die Decke ist eingestürzt und hat alles unter sich begraben." Waschbär hörte mit offenem Mund zu. Langsam dämmerte ihm, dass der Sturm ein schlimmes Problem herangepustet hatte. „Dein Biberbau? Kaputt?"

Biber nickte. „Und dein Hasenbau auch?" Jetzt nickte Lillie. „Und meine Schlafkugel ist auch weg, vom Wind davongeweht." Er schaute Lillie verzweifelt an. Sie und Biber wechselten kurze Blicke, und den Dreien war klar, dass sie alle heimatlos waren. Der Sturm hatte nichts und niemanden verschont.

In diese erschrockene Stille hinein grummelte und ächzte etwas auf einmal sehr laut. Biber schaute sich blitzschnell um. Sollte etwa ein Baum umfallen? Besorgt sah er zu Lillie und zu Waschbär; der drehte betreten seine helle Schnauze zur Seite. Beschämt flüsterte er: „Das ist mein Magen. Ich habe solchen Hunger." Da war es, das Problem: Die drei hatten weder ein Dach über dem Kopf, noch eine Feuerstelle, noch war ihnen irgendeine Kleinigkeit zu essen geblieben. Alles, was sie über den Sommer gesammelt und gelagert hatten, war verschwunden. Und jetzt stand der Winter vor der Tür.

Biber klackerte mit den Zähnen, das tat er immer, wenn er aufgeregt war. Lillie kraulte den dunkelbraunen Fleck hinter ihrem linken Ohr, wie immer, wenn sie nachdachte. Und Waschbär? Wiegte sich hin und her und hielt sich seinen Bauch vor lauter Hunger. Die Lage war ernst, und sie mussten sich etwas einfallen lassen.

Lillie sprach als erste: „ Wir sollten schauen, wie es den anderen Tieren ergangen ist. Lasst uns im Wald und am Fluss nach ihnen suchen. Vielleicht haben andere mehr Glück gehabt und können uns helfen." Biber nickte, und das Grummeln von Waschbärs Magen klang ebenfalls wie eine Zustimmung. Also machten sich die drei auf den Weg. Während sie in Richtung Wald marschierten, versank jeder in seinen eigenen Gedanken, erinnerte sich an sein zerstörtes Heim, hoffte, dass die Freunde gesund wären, und dachte mit Schrecken an den Winter. Aber trotzdem waren sie auch froh: Sie waren im Unglück nicht allein.

11

2. KAPITEL:
DIE ZUSAMMENKUNFT

Als Biber, Lillie und Waschbär die große Lichtung inmitten des Waldes erreichten, sahen sie, wie wütend der Herbststurm gewesen war: Die mächtige alte Eiche, die jahrelang eine Lichtung in der Mitte des Waldes beschützt hatte, stand nicht mehr. Traurig und zerschlagen lag sie quer auf der großen Lichtung. Nie wieder würde sie den Tieren des Waldes Schatten spenden oder die Eichhörnchen zum Spielen in ihren Wipfeln einladen. In ihrer zerborstenen Krone sprang aufgeregt eine Eichhörnchenfamilie umher, und vor dem Stamm hatten sich Waldbewohner versammelt, die alle durcheinander redeten: Sie teilten das gleiche Schicksal: Der Sturm hatte ihr Zuhause und ihre Vorräte weggeweht. Es war laut – ein Gewirr aus Stimmen, Fiepen, Grummeln, Röhren und Quieken tanzte über die Waldlichtung.

„Wo soll ich wohnen?", piepste ein Igel, während sich neben ihm eine Wildschweinfamilie lautstark grunzend um ihre Schlammkuhle sorgte. Der Fluss hatte sie überschwemmt. „Was wisst ihr denn schon?", krächzten die Krähen im Chor, „uns ist nichts zum Fressen geblieben! Die Samen und Früchte der Bäume und die Sträucher sind alle weg." Die Hirsche röhrten laut über ihre zerstörte Lieblingslichtung, wo es im Frühjahr immer die zartesten und leckersten Birkentriebe gegeben hatte; sie war komplett zerstört. Es war ein fürchterliches Durcheinander, dieses Lärmen, Röhren, Krächzen, Wehklagen und Heulen. Bruno Maulwurf schlug die Hände über dem Kopf zusammen und rief ohne Pause „Oha, oha, oha!" Was sollten sie bloß tun? Und wer sollte die Ruhe wiederherstellen?

 **Die Ansprache**

Die Eiche war schon immer der Ort gewesen, an dem sich die Tiere des Waldes versammelten, wenn es etwas zu besprechen gab – und zu besprechen gab es jetzt viel. Die Lage war ernst: Es war schon Herbst, der Winter stand vor der Tür, und ohne Vorräte, Behausung und Feuerholz sah es schlecht aus. Die Zeit war knapp. Ratlosigkeit machte sich breit. Und der Geräuschpegel wurde immer höher.

„Ahem", tönte es auf einmal von der Eiche. Und dann noch einmal etwas lauter: „AHEM." Schlagartig wurde es ruhig. Jeder im Wald kannte dieses „Ahem". Es gehörte zu Eule. Eule war eines der bekanntesten Tiere im Wald – alt, weise und nie um einen Ratschlag verlegen. Wenn Eule „ahem" sagte, dann hatte sie etwas Wichtiges zu verkünden. Und weil Eule weise war, hörte man ihr zu. Und da Eulen bekanntermaßen Langschläfer sind, also nach der anstrengenden Jagd während der Mondscheinstunden den gesamten Tag verschlafen, war Eules „Ahem" zu dieser Stunde am hellen Nachmittag höchst ungewöhnlich.

Aber der Sturm hatte auch Eule nicht verschont und sie wachgerüttelt. In Angst und Panik hatte sie miterleben müssen, wie die Eiche, in der sie ihre Baumhöhle hatte, unter immer lauter werdendem Knarren langsam in Schieflage geriet, um dann immer schneller zu kippen. Mit dem Baum sackte Eule auch der Wohnungsboden unter ihren Klauen weg. Es erschreckte sie zutiefst, und nur aufgeregtes Flattern bewahrte sie vor dem Schlimmsten, als die Eiche schließlich mit einem dumpfen Knall aufschlug. Der Aufschlag war selbst durch das Tosen des Sturms und das Prasseln des Regens hindurch hörbar gewesen. Die Eiche federte vom Aufprall wieder hoch, schlug noch einmal auf und kam schließlich mit einem den ganzen Stamm durchlaufenden Zittern und Knarren zur Ruhe.

Immer noch standen Eule die Federn zu Berge. Aber sie hatte sich gefasst und trat nun vor die versammelte Tierschar. „Ahem", brummelte Eule wieder, während sie aus dem wirren Geäst der umgestürzten Eiche auf den Stamm kletterte. Bedächtig stolzierte sie den Stamm entlang, voller Würde und Wichtigkeit, wenngleich leicht schwankend, wie Eulen das nun einmal tun, wenn sie laufen. Die riesige goldene Lesebrille – seit sie sie bei den Menschen gefunden hatte, war sie ihr ständiger Begleiter und Beweis dafür, wie weise sie war – hatte sie auf die Stirn geschoben. Das Gefieder, noch leicht durchnässt vom Regen, plusterte sich im Wind. „Ahem." Die Tiere waren verstummt und wollten hören, was die kluge Eule zu sagen hatte.

„Liebe Mitbewohner", begann Eule. Sie liebte Ansprachen, und jede gute Ansprache begann mit einer solchen Anrede. „Liebe Mitbewohner, wir alle haben viel verloren." Zustimmendes Nicken, Brummeln und Quietschen kam aus der Zuhörerschaft. „Und wir alle wissen, dass der Winter naht, und ohne Vorräte sind wir verloren." Das Nicken, Brummeln und Quietschen wurde lauter. „Rrrrruhe, ahem", rief Eule die Tiere zur Ordnung. Das Nicken, Brummeln und Quietschen wurde wieder leiser. „Jeder von uns muss sein Heim wieder aufbauen, sich Vorräte besorgen und Feuerholz heranschaffen" sprach Eule. Alle nickten emsig. „Das ist nicht zu schaffen", sprach Eule entsetzt wie zu sich selbst. „Die Zeit ist einfach zu kurz. Jeden Morgen …" Sie hob ihre Stimme und schaute die Waldbewohner an: „Jeden Morgen kann der erste Frost den Wald für die lange und kalte Zeit des Winters zudecken." Genau das war die Sorge von Lillie und Biber. Die Zeit bis zum Winter war viel zu kurz. Wie sollten sie alle diese Arbeiten bis dahin schaffen? Und Waschbär? Er konnte sich nicht konzentrieren. Er wiegte sich hin und her und hielt seinen grummelnden Bauch. „So wird es uns wohl bald allen gehen", dachte Lillie für sich. Da sprach Eule wieder: „Hmmmm, ich muss nachdenken!" Lillie seufzte. Stille breitete sich aus.

Der Wald hielt den Atem an, während Eule die Stirn geschäftig in Falten legte, auf dem Stamm der umgekippten Eiche auf- und abwatschelte und sich räusperte. „Hmhmhm", brummelte sie vor sich hin, „tssstsssstsss." Eule genoss ihren großen Auftritt, sie liebte es, wenn man ihr beim Denken zusah – das verlieh ihr Würde und Wichtigkeit.

Die Stille wurde noch größer. „Hmhmhm. – Tssstsssstsss." Und dann die Erlösung: „Ahem." Jetzt war es soweit: Eule würde ihnen nun sagen, was zu tun sei.

Eule machte eine Pause, um die Spannung zu erhöhen. Dann sagte sie: „Eines ist klar: Jeder für sich alleine wird es nicht schaffen – die Zeit bis zum Winter ist zu knapp. Hat der Winter uns erst in seinen eisigen Klauen, friert alles Leben ein, und wir können nichts machen, als auf den Frühling zu warten." Alle nickten. „Den Frühling, den viele von uns nicht mehr sehen werden, wenn wir vorher nicht unsere Behausungen und Vorräte erneuern!" Das waren deutliche Worte. Das Entsetzen der Waldtiere stand ihnen allen in ihre Gesichter geschrieben. Eule hatte Recht. Zutiefst erschrockenes Gemurmel, Nicken, Brummeln und Quietschen erklang. „Aber es gibt eine Lösung. Die Menschen haben sie erfunden." Eule wusste viel von den Menschen: Sie hatte lange Jahre bei ihnen in einem Stadtpark gelebt, bevor die Sehnsucht nach der Heimat, Abenteuerlust und ein leichter Sommerwind sie wieder zurück in den Wald gelockt hatten.

 ## Eine unerhörte Idee

„Menschen", so begann Eule, „Menschen machen nichts alleine. Kein Mensch erledigt alles, was er machen muss, selbst. Er lässt sich von anderen Menschen helfen." Das Gebrummel, Gezwitscher und Gequieke wurde lauter – was sollte denn das heißen? „Was meinst du damit?", rief die vorlauteste Wühlmaus. „Rrrrruhe", donnerte Eule. „Lasst mich erklären." Stille. Eule plusterte ihr Gefieder auf und setzte zu einem ihrer Vorträge an. Und was sie zu erzählen hatte, war erstaunlich: Die Menschen, so wusste Eule, mussten auch Vorräte anlegen und Höhlen bauen. „Sie nennen diese Höhlen übrigens Häuser, sehr komfortabel, jawohl", schwärmte Eule. Aber was die Menschen von den Tieren unterschied, war, dass sie nicht alle ihre Vorräte selbst suchen und dass sie ihre Höhlen nicht alleine bauen. Bei den Tieren machte sich Verwunderung breit: Wer machte denn so etwas: Eine Höhle nicht alleine bauen? Das Futter nicht selbst suchen? „Unverantwortlich", zwitscherte Herr Kohlmeise aufgeregt und hüpfte von einem Ast einer nahe stehenden Tanne zum anderen. „Als Familienvater hat man Verantwortung! Man muss das Nest bauen, die saftigsten Würmer suchen und

15

überhaupt – der Mann ist für die Versorgung der Familie zuständig." Empört plusterte er sein Gefieder auf wie sonst nur im tiefsten und kältesten Winter. Ein gelb-schwarzes Federbällchen war das Ergebnis.

Eule schüttelte ihr weises Haupt. Die goldene Lesebrille lief Gefahr herunterzufallen. „In der Tat", sagte sie ruhig. „Die Menschen helfen sich gegenseitig. Hilft ein Mensch dem anderen beim Bau der Höhle, dann sind sie sehr viel schneller damit fertig. Dafür hilft dann der andere beim Futtersuchen." „Was soll das denn nützen?", krähte einer der kohlschwarzen Raben, der zusammen mit seinen Brüdern auf den Ästen der umgestürzten Eiche lungerte. „Rrruhe", knarzte Eule – sie mochte es nicht, in ihren Ausführungen unterbrochen zu werden. „Die Menschen, die Menschen sind klug: Sie wissen, dass nicht jeder alles gleich gut kann. Sie wissen, dass man gemeinsam stärker und schneller ist. Und deswegen arbeiten sie zusammen und helfen sich gegenseitig."

Eule kam in Fahrt, ihre Federn plusterten sich noch mehr auf, mehr als die von Herrn Kohlmeise, der sich immer noch nicht beruhigen konnte. Mit schiefgelegtem Meisenköpfchen beobachtete er Eule kritisch. Eule ließ sich nicht beirren und fuhr fort: „Wer von euch kann am besten Bäume fällen und Holz beschaffen?" „Ich!", rief Biber aufgeregt und klackerte dabei mit seinen Zähnen. Das war sein ganzer Stolz: Niemand im ganzen Wald war schneller und besser, wenn es darum ging, Holz zu fällen, die Stämme sauber abzunagen und zu stapeln. Nichts, was er lieber tat, nichts, was er besser konnte. Biber sind geborene Schreiner. Holz ist ihr Leben.

„Rrrichtig", sagte Eule, „wir alle wissen, dass es keine besseren Holzspezialisten als euch Biber gibt." Eule fuhr fort: „Und wer von euch weiß am besten, wo es Futter gibt, Körner, Getreide und Beeren?" Lillie wurde ein wenig verlegen – eigentlich war klar, dass niemand besser als sie wusste, wo die leckersten Beeren wuchsen, wo die saftigsten Getreidefelder waren und wo die vielen Obstbäume standen. Niemand im Wald hoppelte so viel über die Felder und Wiesen wie sie. Eule blickte scharf in ihre Richtung: „Lillie, was ist mit dir?" Verlegen wackelte Lillie mit ihren Hasenlöffeln. „Ein wenig kenne ich mich schon aus", murmelte das Hasenfräulein. „Genau genommen weiß niemand besser als du, wo es was zu futtern gibt", stellte Eule fest. „Aber wie sieht es mit dem Holz aus? Wie lange wirst du brauchen, um deine Wohnung wieder aufzubauen?" Das Hasenmädchen dachte wehmütig an ihren bescheidenen Hasenbau und die schönen Hasenmöbel, die jetzt zertrümmert in Einzelteilen unter den Schlammmassen lagen. Es würde Monate dauern, bis sie wieder ein Heim hatte. „Ich weiß nicht. Holz zu bearbeiten ist schwierig und anstrengend", sagte sie, während Eule sie aufmerksam beobachtete.

„Geeenau! Biber?" Biber zuckte zusammen. „Biber, rasch: Wie lange wirst du brauchen, bis du deine Vorratskammer wieder aufgefüllt hast?" Diesmal klackerte er fast verzweifelt mit den Zähnen. „Zu lange", brach es aus ihm heraus. „Ich muss zu lange danach suchen." Obwohl Biber im Sommer gerne frisches Grün essen, legen sie sich für den Winter einen Vorrat aus Baumrinde an. Die musste Biber im Wald suchen. Er war zudem ein Feinschmecker und genoss gerne dann und wann leckere Getreidekörner. Aber wie sollte er die auch noch finden?

Wieder unterbrach Eule seine trüben Gedanken: „Genau das ist es: Jeder von euch kann etwas besonders gut, besser als alle anderen, die daher viel langsamer darin sind", sagte Eule. „Die Lösung ist einfach: Biber macht für Lillie in kürzester Zeit Bauholz, und Lillie sucht für Biber in Windeseile die Vorräte." Bedeutungsvoll blickte Eule in die Runde. Ihre große goldene Brille war ihr während der Rede auf den Schnabel gerutscht, und jetzt blickte Eule mit zusammengekniffenen Augen über den Brillenrand in die erstaunten Gesichter der Tiere. „Ihr müsst das machen, was ihr besonders gut könnt und dann TAUSCHEN!", schob Eule hinterher.

 ## Jedem seine Aufgabe

Als sich die Aufregung über Eules sensationellen Vorschlag ein wenig beruhigt hatte, das Gekrächze, Gezwitscher und Gequieke leiser wurde, führte Eule ihren Plan aus, der ganz einfach klang: Jeder sollte das tun, was er besonders gut konnte, und das, was ihm nicht lag, von einem anderen Tier erledigen lassen. Irgendwie lag die Idee nahe: Der Maulwurf war der Experte in Sachen Untertagebau – wer könnte besser Höhlen graben als er? Würde er in seiner beneidenswerten Geschwindigkeit für die Mäusefamilie und andere Tunnelbewohner neue Höhlen graben, könnten ihm die Mäuse währenddessen neue Wintervorräte anlegen. Und so bestimmte es Eule. Den Wildschweinen teilte sie die Aufgabe zu, mit ihren gewaltigen Kräften die Äste und Trümmer beiseite zu schieben, die der Sturm quer über die Waldpfade verstreut hatte. Die Otter würden ihnen im Gegenzug Wasser vom Teich abzapfen und den Wildschweinen eine himmlische Schlammkuhle anlegen. (Schlammbäder sind ungemein wichtig für die Körperpflege unserer großen, borstigen Freunde, das wusste jeder im Wald.)

Und der Specht – ein Experte für Bäume – könnte gleichzeitig die beste und zarteste Rinde für Biber ausfindig machen. So hatte jede Tierfamilie ihre eigene Aufgabe, ihr Spezialgebiet, auf dem sie ungeschlagen war und der Waldgemeinschaft helfen konnte, sich für die kalte Jahreszeit zu rüsten.

Dennoch – verärgert kamen die Hirsche am Rande der Lichtung zusammen. Platzhirsch Egon fand das Ganze lächerlich. Sein Stolz, den er in Form seines imposanten Geweihs sichtbar mit sich herumtrug, schwankte ärgerlich. „Das ist doch wohl der Gipfel!" röhrte er. „Wieso sollte ich den anderen Tieren helfen? Wir sind die größten und stolzesten Tiere des Waldes. WIR brauchen keine Hilfe!" Er rammte seine Hufe erbost in den vom Flutwasser aufgeweichten Waldboden. Sein jüngstes Kitz versteckte sich hinter der Flanke seiner Mutter. Der Ärger seines Vaters machte ihm Angst. Die Hirschmutter merkte das und sprach beruhigend auf Egon ein. „Es ist doch nicht so arg", versuchte sie Egon Platzhirsch und die anderen Hirsche umzustimmen. „Eules Idee ist nicht schlecht. Habt ihr denn tatsächlich Lust, in mühsamer Kleinstarbeit Eicheln zu suchen für unseren Wintervorrat? Erinnert euch, über den Sommer hatten wir eine ganze Grube voll gesammelt, die unsere Herde über den Winter gebracht hätte. Der Sturm hat alles weggetragen. Wollt IHR die Eicheln erneut zusammenklauben?"

„Sicherlich nicht", grantelte Egon. „Das ist keine Männerarbeit!" „Nun, dann erfüllt die von Eule an euch gestellten Aufgaben", wies seine Frau die Hirsche zurecht. „Dann bekommen wir im Tausch Hilfe von den anderen Waldbewohnern: Sie werden uns Wintervorräte anlegen." Egon musste es einsehen. Schnaubend stakste er mit den anderen Hirschen davon. Es war unter seiner Würde, aber seine Frau hatte (wie immer) recht, und Eule auch. Nur zusammen konnten die Waldbewohner sich für die dunkle und vor allem kalte Jahreszeit rüsten.

Auf der anderen Seite der Lichtung klackerte Biber bereits aufgeregt mit den Zähnen, Waschbär putzte sich ganz nervös den Bauch, und Lillie wackelte erwartungsvoll mit den Ohren – das sah nach einem großen Abenteuer aus.

3. KAPITEL:
DER GROSSE PLAN

Eules Vorschlag schlug ein wie eine Bombe: Aufgeregt diskutierte der Wald darüber, ob diese Idee verrückt oder genial war. Den ganzen Abend hindurch hörte man das Gackern, Zirpen, Brummen und Flüstern der verschiedenen Waldbewohner. Die Sonne hatte längst den Horizont geküsst und war untergegangen; der Wald sollte eigentlich in das Schweigen der kommenden Nacht verfallen, aber immer wieder huschten Schatten durch das Geäst. Die Tiere fanden keine Ruhe. Sie besuchten sich gegenseitig und diskutierten eifrig weiter. „Warum sollten wir den Fröschen helfen, ihren Waldsee freizuräumen?", grunzten die Wildschweine. „Weil wir euch die leckersten Wasserlinsen suchen können", quakten die Frösche im Chor. „Und warum sollen wir den Maulwürfen ihre Würmer zusammensuchen für ihre Vorräte?", empörten sich die Waldmäuse. „Weil wir euch in Windeseile eure Gänge graben!", antwortete Bruno Maulwurf. „Ja, ja", ungeduldig flitzten die Waldmäuse umher. Über ihnen zwitscherten und piepsten die Vögel im Geäst der Bäume. Es war eine heillose Unruhe.

 ## Eine besondere Aufgabe

Etwas abseits saßen Lillie und Waschbär zusammen. Da Waschbär von seinem grummelnden Magen oft abgelenkt gewesen war, erklärte Lillie ihm Eules Plan noch einmal. Während Waschbär ihr mit größter Konzentration zuhörte, kamen immer mehr Tiere hinzu, die ebenfalls den Erklärungen der Hasendame dankbar lauschten. Lillie hatte Eule nicht nur verstanden, sie konnte es auch allen

anderen erklären; sie wusste Bescheid. Nur wenn alle zusammenarbeiteten und tauschten, war eine Versorgung aller Tiere des Waldes mit dem Nötigsten innerhalb kürzester Zeit möglich. Die Zeit bis zum Wintereinbruch war kurz. Schon hingen am frühen Morgen die Blätter im Nebel. In wenigen Tagen würden die Büsche und die Bäume von feinem weißen Reif eingehüllt und die Tümpel mit einer ersten feinen Eisschicht überzogen sein. Es galt, sich zu beeilen. Und die Tiere verstanden: Eules Idee war die einzige Möglichkeit.

Als Lillie ausgeredet hatte, war es für kurze Zeit still. Dann sprang Mutter Eichhörnchen auf und rief: „Lillie weiß, was wir machen müssen, um Eules Plan auszuführen. Sie soll unsere Anführerin sein!" Die anderen Tiere schauten sich an, und ein wildes Nicken überkam sie. Wieder einmal riefen sie alle durcheinander: „Ja, das ist gut!" „Lillie soll unsere Anführerin sein." Von diesem Tumult aufgeschreckt, sahen alle anderen Tiere herüber zu der Gruppe, die um die verschämt dasitzende Lillie tobte. „Was ist los?", fragte Egon Platzhirsch. Mutter Eichhörnchen erklärte es ihm, und nach kurzem Überlegen nickte auch er und röhrte für den gesamten Wald hörbar: „Ja, Lillie war schon immer eine unserer Schlauesten. Sie soll unsere Anführerin sein und mit uns Eules Plan ausführen." Das war also beschlossen. Lillie konnte nur noch mit hochroten Hasenbäckchen diese Entscheidung annehmen. Die übrigen Tiere nickten sich zu, klatschten in ihre Pfoten, die Eichhörnchen putzten vor lauter Erleichterung ihre buschigen Schwänze, und die Enten vom Waldteich quakten zufrieden miteinander. Dann erhoben sich die Enten in die Luft und lenkten ihren nächtlichen Flug in Richtung ihres heimischen Gewässers. Langsam zerstreute sich die Versammlung, und es kehrte Ruhe ein im Wald.

 ## Zeitungen

In ihrer Baumhöhle sank Eule mit einem Seufzen in ihren Ohrensessel. Ihr war bewusst, dass ihr Vorschlag das Leben der Waldbewohner auf den Kopf stellen würde. Dass eine Ente mit einem Fuchs zusammenarbeiten sollte, die Hirsche mit den Waldmäusen, Teichhühner mit Ottern, das war unerhört. Aber Krisenzeiten erforderten besondere Maßnahmen. Und von den Menschen wusste Eule, dass diese Arbeitsteilung, wie es die Menschen nannten, funktionierte.

Doch so ganz überzeugt war sie nicht. Vielleicht sollte Eule es noch einmal nachlesen? Sie blickte auf das Durcheinander von umgestürzten Stapeln an Zeitungen, die ihr Waschbär treu über die Jahre gebracht hatte. Der immerhungrige Waschbär unternahm oft Ausflüge an den Rand des Waldes, wo man all die Sachen einsammeln konnte, die die Menschen dort liegen ließen. Außer essbaren Dingen beispielsweise auch das ein oder andere Kleidungsstück, das so seinen Weg zu den Waldbewohnern fand (wo sonst hätte die Elster diesen wunderschön glitzernden Ohrring her haben sollen?), und vor allem: Zeitungen. Eule war verrückt nach Zeitungen. Sie hatte diese bei den Menschen lieben gelernt, so, wie sie dort das Lesen gelernt hatte. Von ihrem Lieblingsbaum im Stadtpark, wo Eule in ihren jungen Jahren Quartier bezogen hatte, hatte sie einem älteren Menschenpaar direkt durch das Küchenfenster auf deren Frühstückstisch schauen können. Und wenn Eule von ihren nächtlichen Streifzügen zum Baumquartier zurückgekehrt war, hatte sie diesen Menschen beim – wie sie es nannten – „Frühstücken" und „Zeitungslesen" zugeschaut. Mit der Zeit hatte Eule gelernt, wie man liest, denn sie war eine sehr kluge Eule.

Aber als der Sturm die Eiche umgestürzt hatte, hatten sich die Zeitungen wahllos auf Boden, Wänden und Decke von Eules Baumwohnung verteilt, denn die lag ja nun auf der Seite. Statt aufrecht durch die Tür marschieren zu können, musste Eule sich zusammenkrümmen und halb liegend durch die jetzt waagerechte Tür robben. Und das in ihrem Alter! Unerhört.

Die Zeitungsteile stapelten sich aufgeblättert in wirren Bergen in Eules Baumhöhle. Andere klebten noch an der Wand; sie verkleideten die Wände wie eine Tapete. Es würde endlos dauern, bis Eule diesen Artikel wiedergefunden hätte, aus dem sie die Idee der Arbeitsteilung hatte. Zudem wurden Eules Augen auf einmal so seltsam schwer … Die Lider fielen ihr einfach zu, sie konnte nichts dagegen tun. Seltsam, dachte Eule noch, dann war sie schon in einen tiefen Schlaf gefallen.

 ## Nacht

Endlich schlief der Wald. Die meisten Tiere hatten sich Notunterkünfte gesucht. Ihnen erging es nicht viel besser als Waschbär in der Brombeerhecke, aus der Lillie ihn herausgeklaubt hatte: Die Nacht war kalt. Besonders in den frühen Morgenstunden, als der Herbstnebel über den Wiesen hing und durch den Wald waberte, als klitzekleine Wassertropfen sich in die Felle der Waldbewohner setzten und noch kein Sonnenschein da war, um sie zu trocknen, besonders da wurde es furchtbar kalt. Die unruhig schlafenden Tiere fingen an zu zittern und zu bibbern. Das waren sie, die Vorboten des Winters.

Auch wenn tagsüber die Sonne die Luft noch aufheizte und alles in helles goldenes Licht kleidete, die Hagebutten rot glühten, die Kastanien vor lauter Wärme aufplatzten – die Nächte sprachen dagegen deutlich von bevorstehenden kalten Monaten. Und so machten sich die Tiere im Schlaf so klein wie möglich und schmiegten sich aneinander, wo immer es ging, um der Kälte zu entkommen. Wie froh waren sie, als endlich die Nacht vorbei war und der Amselvater mit lautem Gezwitscher den neuen Tag verkündete. Nur zu gerne sprangen die Tiere auf und setzten sich in Bewegung. Sie wollten die Nachtkühle aus ihren Gliedern vertreiben und endlich was gegen ihre Not tun: Die Schäden vom Sturm mussten behoben und Bauten und Höhlen hergerichtet werden. Da fiel es ihnen wieder ein: Was hatte Eule noch einmal gesagt? Sie hatte von Tauschen und Arbeitsteilung gesprochen. Schon rannten die ersten zu Lillie; sie würde ihnen sagen, was zu tun wäre.

 ## Es geht los

Eule war völlig durcheinander gekommen durch den Sturm: Sie als Tier der Nacht hatte sich nach dem anstrengenden Tag des Sturms, der ihr keine Minute Schlaf gegönnt hatte, auf einen kompletten Tag des seligen Schlafs gefreut. Dennoch wachte sie am nächsten Morgen auf, als ein frecher Sonnenstrahl auf ihrem Schnabel tanzte. Unzufrieden grunzte sie den Sonnenschein an, weil es eben nicht ihr geliebter Mondschein war. Doch der Sonnenschein lachte nur; er lachte Eule aus, die inmitten ihrer Zeitungen lag. Die Federn ihres rechten Flügels waren leicht verknautscht durch die unbequeme Lage, die goldene Lesebrille hing schief über ihrem Kopf.

Ungnädig rappelte Eule sich auf, strich ihre Federn glatt, richtete die Brille und wollte gerade mit einem gewichtigen Schritt aus der Tür, ja, schreiten? Nein, kriechen oder robben, um den Tieren eine weitere Ansprache zu halten, da hielt sie inne: Ein geschäftiges Brummeln drang durch ihr Fenster. Es klang, als würden ganze Bienenschwärme unter ihrer Höhle schwirren.

Vorsichtig lugte die Eule aus ihrer Tür, und was sie sah, erstaunte sie: Der große Platz war zum Bersten voll. Alle Tiere, ob groß oder klein, drängten sich um Lillie herum, die mit hochroten Hasenbäckchen da- saß und eifrig mit einem Stock auf den Waldboden zeichnete. Sie malte die einzel- nen Tierfamilien, -gruppen oder -herden und dahinter, was diese Tiere am besten konnten. Natürlich malte sie hinter einer Skizze von Bruno Maulwurf einen Tunnel und hinter die Familie der Spitzmäuse Getreidebündel. Sie konnte, wie alle anderen Tiere ja auch, nicht schreiben. Nur Eule war des Lesens und Schreibens mächtig. So malte also Lillie mit schnellen Stri- chen auf, was die einzelnen Tiere zu Eules „großem Plan" beitragen konn- ten. So hatten die Tiere insgeheim Eules Idee getauft: „der große Plan".

Als nun alle Tiere ihre Fähigkeiten von Lillie hatten zeichnen lassen, hüpfte Lillie auf den Baumstamm und sprach zur gesamten Waldbewoh- nerschaft. Schnell kratzte sie sich noch einmal ihren braunen Fleck hin- ter ihrem Ohr, unterdrückte ein verschämtes Hüsteln – denn sie war ein scheues Hasenfräulein und so viel Aufmerksamkeit nicht gewohnt – und sprach: „Nun, da wir wissen, was jeder von euch zum großen Plan beitragen kann, wird es Zeit, die Arbeiten zu verteilen. Dafür müssen wir herausfinden, wer was am nötigsten braucht. Wir sollten uns in Gruppen aufteilen: Bitte stellt euch doch alle, die ihr am dringendsten Nahrung braucht, nach links; alle, die sich zuallererst einmal ein neues Zuhause wünschen, kommen auf meine rechte Seite. Und direkt vor mir stellen sich alle hin, die etwas gegen die Kälte suchen, Stroh, Moos und Heu für die Höhlen, aber auch Feuerholz."

Noch ehe Lillie zu Ende gesprochen hatte, war das größte Durcheinander ausgebrochen. Jeder hastete nach links oder rechts, drehte sich wieder um, rannte zurück, dann zur anderen Seite, blieb stehen, wandte sich wieder um und um und um. „Wo war die Seite für das warme Stroh und Feuerholz? Rechts?" „Nein, die waren in der Mitte!" „Aber wo gibt es Wohnungen?" „Tunnel", grummelte Bruno Maulwurf, „ich sprach von Tunneln. Wohnungen, pah, wo sind wir denn hier, im Wünsch-dir-was-Wald?"

Unleidlich verdrehte er die Augen. Direkt vor ihm stand Waschbär und schüttelte seinen Kopf auf verzweifelte Art und Weise. „Oh je, oh je, wo soll ich hin? Ich kann vor lauter Hunger nicht nachdenken. Also sollte ich zur Nahrungsgruppe? Aber meine Höhle ist doch kaputt, und ich brauche meine warme Schlafstatt mit einer dicken Schicht aus Moos und Stroh. Wo soll ich nur hin? Oooh, mein Bauch tut so weh …" Da spürte er eine große Pranke auf seiner zitternden Schulter. Bibers Stimme raunte ihm ins Ohr: „Armer Waschbär. Stell du dich in die Stroh- und Moosgruppe. Deinen Bau im Brombeerbusch bringe ich dir schon in Ordnung." Dankbar trollte sich Waschbär zur Gruppe für Stroh, Moos und Feuerholz.

Langsam lichtete sich das Durcheinander, und es bildeten sich tatsächlich drei Gruppen. Lillie schloss kurz erschöpft ihre hübschen Hasenaugen. Nun konnte es weitergehen. Ein paar Mäuschen flitzten noch hin und her; aber auch sie fanden schließlich ihre Gruppen. Endlich konnte Lillie anfangen, die Tauschgeschäfte zuzuteilen: „Familie Spitzmaus, ihr braucht dringend einen Tunnel. Bruno Maulwurf wird ihn euch graben, wofür ihr ihm Getreide sammelt." Spitzmäuse und Bruno Maulwurf nickten. Lillie fuhr fort: „Und ihr lieben Enten, ihr sucht bitte Moos und legt so viele Federn, wie ihr entbehren könnt, ohne selbst zu frieren, zur Seite. Im Tausch würde Vater Grünspecht mit seinen Söhnen eure Holzhütten gegen den Regen schnell wieder herrichten." (Wir alle wissen, wie flink die Spechte bei Holzarbeiten sind.) „Egon, du wirst die Hirsche anführen und diese Lichtung hier freischaufeln. Im Tausch werden euch die Siebenschläfer, deren Höhlen momentan in diesem Durcheinander vergraben sind, gerne einen Wintervorrat an Eicheln zusammentragen."

Lillie schaute die Tiere bedeutungsvoll an. „Nun, da ihr gesehen habt, wie einfach das Tauschen ist, könnt ihr selbst weitermachen. Einigt euch rasch und fangt mit den Arbeiten an, der Winter naht schnell. Heute Abend treffen wir uns alle wieder hier an unserer Eiche und berichten, wie die Arbeiten laufen und ob neue Tauschgeschäfte gemacht werden können." Damit stieg das Hasenfräulein vom Baumstumpf herab und setzte sich erst einmal hin. Anstrengend war das, ja, anstrengend. Aber sie hatte das Gefühl, etwas in Gang gesetzt zu haben, etwas Gutes, Hilfreiches. Zum ersten Mal arbeitete der gesamte Wald zusammen und mit System. Eule wäre stolz, sagte sich Lillie.

 ## Unheil

Und so war es: Eule hatte das ganze Geschehen aus ihrer Baumwohnung heraus verfolgt. Ab und an kniff sie die Augen zusammen, dann rutschte ihre goldene Lesebrille mit einem Klicken von der Stirn auf ihren Schnabel. Keines der Tiere hörte es. Alle waren mit dem Tauschen beschäftigt. Eule war stolz auf die Tiere. Sie hatten verstanden und beeilten sich; Arbeiten wurden gegen Futter getauscht, Futter gegen warmes Stroh und Feuerholz, das wiederum gegen Holz- oder Tunnelarbeiten. Es funktionierte.

Aber da war etwas: Abseits der Lichtung stand eine schlanke, graue Gestalt. In lässiger Haltung lehnte sie an einem Baum und sah dem Treiben mit schief gelegtem Kopf und hochgezogenen Augenbrauen zu. Ab und an stahl sich ein listiges Flackern in ihre Augen. Es war Hironimos Wiesel. Er war erst vor kurzem in den Wald gekommen. Über seine Vergangenheit schwieg er, was Eule verdächtig fand. Noch dazu lispelte und zischelte Hironimos so leise, dass man ihn kaum verstehen konnte. Und Hironimos Wiesel jagte meistens nachts, was für Wiesel nicht unmöglich, aber doch auffällig war. Durch seine nächtlichen Streifzüge kannte Eule seine Gestalt nur zu gut. Alles an diesem Wiesel war ihr verdächtig. Daher gefiel es Eule gar nicht, dass Hironimos die Tiere beobachtete. Ihr schwante nichts Gutes. Und sie sollte recht behalten.

Ja, Hironimos Wiesel hatte die Tiere belauscht. Fieberhaft ging Hironimos in Gedanken den großen Plan durch; es musste doch einen Weg geben, wie er diesen Plan für sich selbst nutzen konnte und die Tiere, die er für einfältig und hilflos hielt – Hironimos Wiesel blickte hochnäsig auf fast alle Vier- und Zwei-, Kurz- und Langbeiner herab –, ausnutzen konnte. Mit einem Blitzen in seinen Augen wieselte er in seine Höhle im dunkelsten und entferntesten Eck des Waldes, wohin selbst der Sturm nicht durchgedrungen war. Seine Höhle war als einzige vom Sturm verschont geblieben. In ihr angekommen, ging er sofort daran, die Einzelheiten seines Plans zu durchdenken. Und er war böse, dieser Plan.

4. KAPITEL: DER TAUSCH

Während Wiesel seinen dunklen Plan schmiedete, fingen die nichts ahnenden Waldbewohner an zu tauschen. Fleißig arbeiteten sie Hand in Hand. Biber wetzte sich fast seine langen Biberzähne ab, um allen Tieren möglichst schnell Holz zu liefern. Die Wühlmäuse hatten schon Blasen an ihren winzigen Pfoten, weil sie ohne Pause nach kostbaren Wurzeln gruben. Die Wildschweine kamen aus dem Schnaufen nicht mehr heraus, so tief gruben sie ihre Rüssel in den Boden, um die umgefallenen Bäume und Äste aus dem Weg zu räumen. Und müde klammerte sich der Specht am Abend an einer Astgabel fest, erschöpft von einem ganzen Tag ununterbrochenen Hämmerns neuer Baumhöhlen. Ja, die Waldgemeinschaft hatte ordentlich angepackt und schon bald gemeinsam das Schlimmste bewältigt. Schon waren die Vorratskammern fast gefüllt, neue Höhlen gegraben und Nester wieder gepolstert. Der große Plan funktionierte großartig.

Aber jetzt, da fast jeder wieder ein Dach über seinen Ohrpuscheln, Schlappohren oder Hahnenkämmen sowie die nötigsten Möbel und Vorräte hatte, stellte man fest, was noch alles dem Sturm zum Opfer gefallen war und fehlte. Es waren keine unwichtigen Dinge: Eule brauchte ein Stück Faden für ihre Brille, die verbogen war und daher ständig vom Schnabel herunterrutschte. Bei den Menschen hatte sie den wertvollen Nutzen von Fäden kennengelernt. Aber wo im Wald sollte sie Fäden herbekommen? Und Mutter Eichhörnchen hätte so gerne wieder eine Schaukel für ihr Jüngstes gehabt. Der Sturm hatte ihre alte Schaukel, geknüpft aus Schilfblättern, zerstört. Sie hatte in ihrer Höhle gehangen, so dass Mutter Eichhörnchen das Kleine immer mit einer Pfote in den Schlaf hatte wiegen können, während sie mit der anderen Pfote die Hausarbeit erledigte. Aber wo sollte sie so schnell eine Schaukel herbekommen?

Mutter Eichhörnchen wuselte in ihrer Ratlosigkeit zu Lillie. Sicher konnte die Hasendame ihr helfen. Aber der ratlose Blick von Lillie belehrte Mutter Eichhörnchen eines Besseren. „Das ist tatsächlich ein Problem", murmelte Lillie. „Also das, ja das ... vielleicht weiß Eule Rat?"

Zusammen eilten die beiden also zu Eules umgekippter Eiche und klopften aufgeregt an. Aber Eule war nicht zu sehen und nicht zu hören. Die Eulennatur hatte sie letztlich doch eingeholt, und tiefer Schlaf hatte das Nachttier übermannt.

 ## Die Suche

Ratlos schauten sich Lillie und Mutter Eichhörnchen an. „Nun", hob das Hasenmädchen an, „versuchen wir es mit dem großen Plan. Du musst jemanden finden, der mit dir tauscht." „Ja, aber kennst du jemanden, der eine Schilfschaukel knüpfen kann?" Verzweifelt zitterten Mutter Eichhörnchens Schnurrhaare. „Nein", traurig zuckte Lillie mit ihren pelzigen Hasenschultern, um sie aber sofort wieder zu straffen: „Aber wir lassen uns nicht entmutigen. Wir schaffen das. Komm!"

Sie packte Mutter Eichhörnchen an ihrem Arm und zog sie mit sich. „Als erstes versuchen wir es bei Oma Dachs. Sie war schon immer geschickt mit ihren Pfoten." Hoffnungsvoll schaute Mutter Eichhörnchen das Hasenmädchen an. „Meinst du? Sollte ich dann nicht etwas mitnehmen zum Tauschen?" Denn so lautete ja der große Plan: Tauschen. Warum also nur Arbeit gegen Arbeit tauschen? Wieso nicht eine Schilfschaukel gegen … Ja, was hatte sie denn noch?

Mutter Eichhörnchen wuselte zu ihrer Notunterkunft, wo sie alles gelagert hatte, was der Sturm ihr gelassen hatte. Lillie hüpfte freudig auf und ab. „Das ist gut! Das ist wirklich gut. Also, was hast du?" Und während Lillie hüpfte, flogen ihr sämtliche Dinge entgegen, die Mutter Eichhörnchen finden konnte. Eine leere Walnuss, eine vertrocknete Wurzel, ein Büschel Moos, das fast nur noch aus Sand bestand, und schließlich eine Bürste aus Wildschweinborsten – die stammte noch von der Urgroßmutter der Eichhörnchenfamilie! „Wäre das was?" „Ja, das könnte funktionieren. Die Bürste ist echte Handarbeit und selten, und daher sehr wertvoll." Mutter Eichhörnchen kramte noch ein bisschen weiter. Zwischen ihren Beinchen purzelten seltsame Habseligkeiten wie ein Stück gesprungenes Glas, ein Stück Seife … aber nichts kam im Wert an die selbstgemachte Wildschweinborstenbürste heran. Sie war einmalig; damit müsste der Tausch funktionieren, Mutter Eichhörnchen war sich ganz sicher. Das fand auch Lillie, und gemeinsam stürzten sie los zum Dachsbau.

Oma Dachs hörte etwas vor ihrem Bau rumpeln, schaute hinaus und wurde fast von Lillie und Mutter Eichhörnchen überrannt. „Ihr habt es eilig", stellte Oma Dachs fest. Ihre beiden Besucherinnen nickten wild und hechelten nach Luft. Als sie einigermaßen zu Atem gekommen waren, erklärte Mutter Eichhörnchen, was sie vorhatte und wie dringend sie die Schilfschaukel bräuchte. Gerade durch die Aufregung der letzten Tage und die ausgestandene Angst während des Unwetters war ihr Eichhörnchenjunges völlig durcheinander und schlief schlecht. Sie hätte so gern eine neue Schilfschaukel. Ob Oma Dachs helfen könnte? „Leider nein", schüttelte Oma Dachs ihren Kopf.

Aber als sie den enttäuschten Blick der Eichhörnchendame sah, überlegte sie. „Knüpfen konnte ich noch nie. Aber frag' doch mal die Wasserratten am Flussufer. Sie wohnen direkt neben dem großen Schilfwald. Vielleicht wissen sie Rat." Und dann sagte Oma Dachs noch: „Aber deine Bürste würde ich gerne tauschen. Ich gebe dir dafür diese zwei reifen Birnen. Es waren die letzten am Baum, die Raben haben sie gefunden und mir gebracht, weil ich ihnen mit meinen Söhnen die Rabennester unter dem umgestürzten Baum herausgegraben habe. Bestimmt freuen sich die Wasserratten über etwas Süßes und Saftiges." Na, das ist doch ein guter Anfang, dachte sich Mutter Eichhörnchen und schlug freudig in den Tauschhandel ein. Was sollten Wasserratten auch mit einer echten Wildschweinborstenbürste anfangen?

Mit den zwei duftenden Birnen liefen Lillie und Mutter Eichhörnchen los zum Flussufer. Bangen Blickes kamen sie dort an: Der Fluss hatte während des Unwetters sein Wasser über das Ufer getrieben und damit die Wasserrattenhöhle völlig geflutet. Jetzt, da das Wasser wieder gesunken war und in seinem normalen Bett träge dahinfloss, lag die Höhle verlassen da, und von ihren ehemaligen Bewohnern war niemand zu sehen. Enttäuscht plumpste die Eichhörnchenmutter auf ihren buschigen Schwanz. „Und jetzt?" Tränen stiegen ihr in die Augen. Aber Lillie ließ sie nicht lange ruhen. „Wir gehen am Ufer entlang und rufen. Wasserratten bleiben auch nach einem Sturm Wasserratten. Sie werden sich sicher in der Nähe eine neue Höhle einrichten."

Das leuchtete ein, und beide zogen laut rufend los. Und tatsächlich, sie mussten nicht lange laufen, da antwortete ihnen ein ersticktes „Wer ruft da?" Glücklich sprang Mutter Eichhörnchen hoch. „Das müssen die Wasserratten sein!" rief sie. Und auch Lillie konnte ihre Erleichterung nicht verbergen.

 ## Das Birnenproblem

Lillie und Mutter Eichhörnchen traten vorsichtig an den Uferrand. „Passt auf!", donnerte direkt eine Stimme los. „Oder soll die Höhle einstürzen? Wer seid ihr überhaupt? Und was wollt ihr?" Die wütende Stimme gehörte einer der Wasserratten, die jetzt ihre spitze Schnauze mit den langen Schnurrhaaren aus dem Wasser streckte. Mutter Eichhörnchen wollte schon der Mut verlassen. Lillie dagegen fasste sich ein Herz und stellte sich vor: „Hallo. Ich bin Lillie, und das ist Mutter Eichhörnchen. Wie ich sehe, habt ihr ebenfalls unter dem Unwetter gelitten. Das tut uns leid. Wir im Wald haben auch fast alles verloren." „Aha", kam es von der Wasserratte. Sehr höflich war sie ja nicht, fand Mutter Eichhörnchen. Aber sie hielt sich lieber zurück.

Lillie war in so etwas viel besser. „Habt ihr von Eules großem Plan gehört?" „Pffffh", spottete die Wasserratte. „Was soll das nun wieder sein?" „Was soll das nun wieder sein", äffte Mutter Eichhörnchen die Ratte nach. Ihr war der rotbraune Pelzkragen geplatzt; was dachte sich die Wasserratte, sie so von oben herab zu behandeln? Und dann noch über Eules großartigen Plan zu spotten? Strafend schaute Lillie sie an, und dem Eichhörnchen blieben die nächsten Worte in der Kehle stecken.

Dann fuhr Lillie betont ruhig fort: „Die meisten von uns Tieren haben fast alles verloren, der Winter steht aber kurz bevor, die Zeit wird knapp, und da …" Ausführlich erklärte Lillie der Wasserratte Eules großen Plan. Die Wasserratte entspannte sich zusehends; interessiert hörte sie Lillie zu, zuckte das eine und andere Mal mit ihrer spitzen Schnauze und wackelte mit ihren Schnurrhaaren. Schließlich sagte sie: „Das klingt gut. Aber wie können wir Wasserratten da mitmachen?"

Mutter Eichhörnchen seufzte erleichtert auf. Endlich, da schimmerte Hoffnung durch die Plackerei des Tages. Lillie stupste sie an: „Du bist jetzt an der Reihe." Erschrocken hielt sich Mutter Eichhörnchen die Pfote vor ihr Gesicht. Sie sollte mit der Wasserratte über ihr Anliegen sprechen? Schon blickte die Wasserratte sie erwartungsvoll und streng an. „Ich, also ich …", das Eichhörnchen stammelte. „Nun spuck's endlich aus. Ich werd dich schon nicht gleich fressen. Du bist zwar kleiner als ich, aber du hast mir zu viel Pelz!", sagte die Wasserratte mit einem Lachen. Mutter Eichhörnchen sackte zusammen, musste dann aber doch grinsen. Vielleicht war die Wasserratte gar nicht so böse, wie sie dachte.

Und sie fing an, von ihrem kleinen Eichhörnchenjungen zu sprechen, wie sie ihn immer geschaukelt hatte in der Schilfschaukel, wie gut diese Schaukel war, wie praktisch, wie der Sturm sie zerstört hatte und wie jetzt ihr Jüngstes immerzu heulte. „Schon gut, schon gut, da kommen selbst einem Rattentier die Tränen", unterbrach die Wasserratte den Redefluss. „Mal sehen, ob ich dir helfen kann. Aber sag, wenn ihr das Tauschen gelernt habt und das so gut ist, was würdest du denn für die Schaukel tauschen?"

Schnell rollte ihr die Eichhörnchenmutter die zwei prallen, saftigen Birnen vor die Schnauze. Eine gute Entscheidung, denn sobald die Ratte den Duft einsog, verdrehte sie die Augen und fühlte, wie ihr die Spucke im Maul zusammenlief. „Ich kann dir helfen!", war das Einzige, was sie noch herauspressen konnte, bevor sie schwer schluckte. Was für Leckerbissen da vor ihr lagen, die Birnen waren reif und prall. Sicher würden sie süß und fruchtig schmecken; die Wasserratte leckte sich die Lippen.

Glücklich fiel Mutter Eichhörnchen Lillie um den Hals – wunderte sich dann aber, warum Lillie nur verhalten lächelte. „Was ist? Freust du dich nicht?" „Wir haben ein Problem", sagte Lillie zögernd. Eichhörnchen und Wasserratte starrten sie an. „Aber was denn? Was denn? Ich kann die Schaukel basteln, ehrlich! Ich habe schon einmal mit Schilf ein Netz geflochten; ich kann ganz sicher eine Schaukel flechten, ganz sicher!", rief die Wasserratte schnell. Nun, da sie die Birnen gerochen hatte, wollte sie sie nicht mehr hergeben; ihre Familie würde einen Freudentanz aufführen. Obst gab es selten bei ihnen.

Lillie hob abwehrend ihre samtweiche Pfote. „Nein, das ist es nicht. Ich bin mir sicher, dass du eine fantastische Schaukel flechten wirst. Das Problem ist aber, dass wir normalerweise Arbeit gegen Arbeit tauschen. Während also einer beispielsweise einen Tunnel gräbt, sammelt der andere Vorräte. Am Abend können sie die Ergebnisse ihrer Arbeiten dann gegenseitig übergeben. Es funktioniert auch mit Arbeit gegen einen Gegenstand. Der eine arbeitet, und am Abend tauscht er das Ergebnis der getanen Arbeit gegen das Objekt. Aber hier – du wirst die Schaukel nicht innerhalb eines Tages flechten können, richtig?" Der Ratte dämmerte es. „Das ist richtig. Ich benötige mindestens fünf Tage dafür. Ich muss erst das Schilf holen und es trocknen. Erst dann kann ich die Schaukel flechten." Mutter Eichhörnchen wurde unruhig. „Aber das ist doch kein Problem", piepste sie. „Dann komme ich einfach in fünf Tagen wieder, und wir tauschen dann die Schaukel gegen die Birnen."

Als die beiden großen Nagetiere sie anschauten, merkte die Eichhörnchendame, dass sie etwas übersehen haben musste. Sie wandte den Blick zur Seite, und er fiel just auf die Birnen, die so reif und voller Saft vor ihr lagen. „Ooh, ich verstehe. Ihr habt recht: In fünf Tagen werden die Birnen nicht mehr gut sein, richtig?" „Das stimmt." Es tat Lillie leid, aber so war es. Alle drei verfielen ins Grübeln. Die Wasserratte wollte die Birnen unbedingt. Aber sie konnte die Schaukel nicht schneller herstellen. Und Mutter Eichhörnchen wusste, dass die Birnen in fünf Tagen bereits schlecht wären.

„Wir müssen zu Eule", sagte Lillie schließlich. „Sie wird Rat wissen. Die Sonne wird bald untergehen. Da wacht Eule auf, und wir können sie fragen, was zu tun ist. Die Birnen verstecken wir solange." Gemeinsam vergruben sie die Birnen unter einem Blätterhaufen und machten sich eilig auf den Weg zur umgestürzten Eiche.

33

Dunkle Pläne

Währenddessen räkelte sich Hironimos Wiesel in seinem Bau genüsslich vor seinem Feuer, denn bei ihm hatte der Sturm ja nichts zerstört. Sein Heim, seine Vorräte und sein Feuerholz – alles war unversehrt. So konnte er eine Behaglichkeit genießen, die den anderen Waldbewohnern verloren gegangen war; und natürlich konnte er weiter seine fiesen Pläne wälzen.

So sann er eifrig darüber nach, wie er den „großen Plan" am besten ausnutzen konnte und wer seine Partner sein würden. Es mussten Tiere sein, die er herumkommandieren konnte. Sie dürften ihn auch nicht verraten. Also mussten sie Angst vor ihm und einer Strafe haben, sollten sie ihn verpetzen. Gleichzeitig mussten sie gute Arbeiter sein, die schnell liefern könnten. Hironimos zwirbelte seine Barthaare: Da wäre zum einen die Dumme Gans vom Waldtümpel. Sie schnatterte so unerträglich, dass niemand ihr zuhören mochte. Keines der Waldtiere sprach mit ihr. Die Chance, dass sie Hironimos verriet, war daher gering. Die Dumme Gans war also der erste Partner für das Wiesel. Als zweites käme Willibord Wildschwein in Frage. Willibord Wildschwein hatte sich bei seinen Waldmitbewohnern mit seinen unglaublichen Verschwörungstheorien lächerlich gemacht: Er war fest davon überzeugt, dass Kälber fliegen konnten und dass einige von ihnen sogar auf dem Mond lebten. So etwas Verrücktes. Willibords Theorien waren so absurd, dass ihm niemand mehr glaubte, was auch immer er erzählte. Er lebte in einem abseits gelegenen Sumpfloch und hatte ständig Angst, dass die Mondkälber sich gegen ihn verschworen hatten und eines Tages kämen, um ihn zu entführen.

Außerdem hatte auch Willibord – wie Hironimos Wiesel – durch den Sturm nichts verloren und somit genügend Zeit, für Hironimos zu arbeiten. Willibord Wildschwein und die Dumme Gans, was für ein gutes Gespann die zwei doch abgeben, dachte sich Hironimos. „Für ein Lob von mir werden sie versuchen, sich gegenseitig zu übertrumpfen", überlegte er. Stolz streckte sich Hironimos auf seinem dicken Teppich aus, während das Kaminfeuer zischte und flackerte – das hatte er sich schlau ausgedacht. Gleich am Abend nach Einbruch der Dämmerung würde er seine neuen Partner besuchen. Dass er ihre Arbeit bezahlen musste, war ihm klar. Aber wie viel er ihnen geben würde – oder eher: wie wenig (!) –, das war allein seine Sache. Ihr lieben Leser, noch nicht einmal ihr dürft das wissen.

5. KAPITEL: NOCH EIN PLAN

Am Abend, als sich die Waldgemeinschaft erschöpft zur abendlichen Besprechung an der Eiche traf und auch Lillie mit Mutter Eichhörnchen und der Wasserratte die Lichtung erreichte, war Eule aufgewacht und wankte noch etwas schlaftrunken den Eichenstamm entlang zur Tierversammlung. Nachdem einige der Tiere über ihre hervorragenden Ergebnisse beim Tauschen erzählt hatten und die gute Stimmung über der Lichtung waberte, trug Mutter Eichhörnchen ihr Problem vor. Lillie saß währenddessen neben Eule, die allerdings gar nicht zuhörte, sondern die ganze Zeit an ihrer Brille herumbastelte.

„Ein Graus", dachte Eule, „ein Graus. Ohne Brille kann ich nicht denken, und ohne Faden kann ich meine Brille nicht reparieren; wie soll ich dann denken ... Wo bekomme ich bloß einen Faden her?" Als sie von Lillie in die Seite geknufft wurde, damit sie aufhörte und sich auf die Geschichte von Mutter Eichhörnchen konzentrierte, erkannte Eule, dass die rotbepelzte Dame und sie im Grunde dasselbe Problem hatten: Auch Eule benötigte etwas ganz Spezielles, einen Faden für ihre Brille. Das war wahrscheinlich nur über einen längeren, umständlichen Tausch zu haben.

Und gerade sie, Eule, mit ihren kurzen Beinen und der Gicht in ihren Schwungfedern mochte sich nicht ausmalen, was für eine Odyssee sie vor sich hatte, bis sie an ein Stück Faden gelangen würde. Ganz abgesehen davon, dass ihre Federn nicht dazu geeignet waren, den Faden dann zu binden. Sie müsste also außerdem jemanden suchen, der ihr die Brille reparierte. So eine Reparatur würde dauern. Und gegen was würde sie die Reparatur tauschen? Und vor allem wann? Wieder stupste Lillie sie an. Empört schaute Eule hoch und sah, dass Mutter Eichhörnchen mit ihrer Erzählung fertig war und alle Tiere sie nun anschauten und auf eine Lösung hofften.

Eule versank ins Grübeln. Eile war nötig. Ihr Brustgefieder bebte, so konzentriert dachte sie nach. Also, wo war sie stehengeblieben?

Genau, wenn sie einen Tauschpartner für ihre Reparatur fand, tauschte sie dann noch, BEVOR dasjenige Tier, ihr Tauschpartner, mit der Arbeit anfing? Das war riskant. Eule legte den Kopf schief.

Die Tiere hielten den Atem an. Kopf schief legen – das hieß, Eule dachte nach: Was wäre, wenn es Probleme gäbe und ihr Tauschpartner die Brille nicht reparieren könnte, dann hätte Eule einen Tausch verloren, wenn sie schon ihren Teil des Tausches erfüllt hätte. Hmmm; sollten sie also erst NACH der Reparatur tauschen? Das würde doch kein intelligentes Tierchen mitmachen, oder? Tagelang arbeiten und erst dann tauschen? Von diesem eigenen Gedankengang empört, plusterte Eule ihr Gefieder auf: Na, aber wieso sollte ein Waldtier ihr, Eule (!), nicht vertrauen? Das wäre unerhört. Natürlich konnte man ihr vertrauen, dachte Eule. Schließlich … Aber dann dachte sie, dass sie kein gutes Vorbild wäre, wenn sie, die ehrwürdige Eule, jemanden arbeiten ließe, ohne direkt dafür ein Tauschobjekt abzugeben.

„Haaa, hmmm." Wieder legte Eule den Kopf schief, diesmal auf die andere Seite. Die Waldtiere waren so versunken in die Betrachtung der denkenden Eule, dass auch sie unbewusst alle ihre Köpfe, Köpfchen, Geweihe und Samtohren schief legten. Hasenohren fielen auf Hasenschultern, Geweihe stießen an nahe stehende Bäume, Puschelohren stießen mit ihren äußersten Haarspitzen an andere Tierköpfe – huuu, das kitzelte – und alle schreckten auf. Würde Eule eine Lösung finden? Die Sonne war schon fast untergegangen, es musste doch irgendwie weitergehen. Die Tiere wurden unruhig.

Aber Eule grübelte noch immer. Wie sie es auch drehte und wendete, es blieb dabei: Ein Tauschpartner hatte bei einem solchen Tausch immer ein Risiko zu tragen: Würde der andere bezahlen? Beziehungsweise: Würde er die Reparatur – oder in Mutter Eichhörnchens Fall die Schilfschaukel – auch wirklich fertigstellen? Da hatte Mutter Eichhörnchen tatsächlich jemanden gefunden, der ihr die Schilfschaukel flechten würde, aber während die Wasserratte daran arbeitete, würden die Birnen langsam vergammeln. Nein, es musste eine bessere Lösung für das Problem geben.

Schuldscheine

Eules kaputte Brille rutschte schief auf ihren Schnabel, als sie wieder ihre Denkfalten auf der weisen Eulenstirn krauste. Plötzlich schreckte sie hoch: Da war die Lösung. Sie schwebte vor ihrem geistigen Auge. Ein angespanntes Rascheln vieler kleiner Füße und Schwänze ging durch die Versammlung. War Eule etwas eingefallen? Tatsächlich: Eule hüpfte hoch, fiel fast vom Baumstamm, drehte eine gefährliche Pirouette in der Luft und blieb endlich stehen. Den Tieren war fast schwindelig vom Zusehen, aber es war verheißungsvoll: Eine hüpfende und rotierende Eule konnte nur bedeuten, dass sie eine Lösung gefunden hatte. Alle kauerten, setzten und stellten sich in gute Hörposition. Also?

Eule plusterte sich auf: „Ahem. Liebe Waldbewohner, liebe Freun …" „Ach, lass das!", unterbrach Egon Platzhirsch Eule unwirsch. „Wir haben lang genug gewartet. Mach's kurz. Wie soll es weitergehen?" Eule schnaufte vor Empörung. Diese Hirsche, du gute Güte, waren die unverschämt. Die Federn standen ihr zu Berge, da berührte Lillie sie sanft an der Schwungfeder und sagte ruhig: „Rede weiter, Eule, wir brauchen eine Lösung, und offensichtlich weißt du eine."

Eule strich sich die Federn glatt, schaute Egon strafend an und begann noch einmal. „Gut, ich versuche, mich kurz zu fassen. Ääähm, ja, dieses Problem bedarf einer Lösung …" Egon fing schon wieder an, mit den Hufen zu scharren. Eule ließ sich nicht beirren. „Die Menschen, durch die wir ja erst auf den Tauschhandel kamen, haben etwas, was sie SCHULD-SCHEIN nennen." Große Fragezeichen sprangen Eule aus den Tiergesichtern entgegen. „Schuldscheine sind ein Stück Papier." Aha. Aus den Fragezeichen wurden zweifelnd hochgezogene Stirnfalten. „Jetzt schaut nicht so ungläubig drein. Ich will es euch erklären!", krähte Eule unwirsch. So unwirsch, dass selbst Platzhirsch Egon, der gerade wieder ungeduldig röhren wollte, beschloss, sie sprechen zu lassen.

Und Eule begann. Sie erzählte den Tieren von Papierstücken, auf die die Menschen in diesen seltsamen Zeichen, die auch Eule beherrschte, „schrieben", was sie tauschen wollten. Angenommen, Mutter Eichhörnchen wollte von der Wasserratte eine Schilfschaukel, dann schrieb Wasserratte auf das Papier, dass sie Mutter Eichhörnchen eine Schilfschaukel bauen würde. Dieses Papier würde Wasserratte mit ihrem Namen versehen und es dann Mutter Eichhörnchen geben, im Tausch für die zwei Birnen. Dieses Papierstück würde Mutter Eichhörnchen versprechen, dass sie von der Wasserratte in ein paar Tagen die Schilfschaukel im Tausch für ihre Birnen bekommen würde. Wasserratte konnte somit die Birnen gleich nehmen, dafür Mutter Eichhörnchen die Schilfschaukel schulden.

„Und deswegen heißt dieses Papierstück bei den Menschen auch ‚Schuldschein'. Weil derjenige, der das Papier ausstellt, seinem Tauschpartner etwas schuldet. Dieses Papier ist also die Bestätigung der Schulden und gleichzeitig das Versprechen, diese einzulösen", schloss Eule mit triumphierend hochgehobener Schwungfeder. Sie war begeistert von diesen „Schuldscheinen", und Beifall heischend schaute sie sich um. Da entdeckte sie aber nur nachdenkliche Gesichter. Langsam sackte ihre Schwinge herab. „Was ist los?" „Ich soll meine zwei Birnen gegen ein Stück Papier tauschen?", fragte Mutter Eichhörnchen entsetzt. Was sollte sie mit einem Stück Papier anfangen? Davon abgesehen, dass es im Wald kein Papier gab. „Ääärch, nein, natürlich nicht." Eule merkte, dass sie in ihrer Begeisterung zu schnell geredet hatte. „Nein: Du, Mutter Eichhörnchen, möchtest eine Schilfschaukel. Wasserratte wird sie dir flechten und dafür im Tausch deine zwei Birnen akzeptieren. Da die Birnen morgen nicht mehr gut sind, die Schilfschaukel aber erst in einigen Tagen fertig sein wird, müsst ihr beiden dennoch HEUTE tauschen. Was also kann Wasserratte dir im Tausch geben, dass dir versichert, dass sie ihren Part des Tausches, nämlich die Schilfschaukel, auch einhalten wird?"

Es quiekte. Alles drehte sich um. Waschbär war aus seiner Lieblingsschlafstellung – der Pelzkugel – aufgesprungen, stand nun aufrecht und fuchtelte aufgeregt mit seinen Pfoten. „Ich weiß, ich weiß, Eule: Die Wasserratte wird Mutter Eichhörnchen ein Papier geben."

Verdutzt blinzelte Eule mit ihren Augen. Waschbär hatte seinen Hunger ausnahmsweise einmal vergessen, hatte zugehört und sogar verstanden, was sie erklärt hatte, schneller als all die anderen Tiere. Das war ungewöhnlich, sehr ungewöhnlich. Eule kam der Verdacht, dass Waschbär beim Stichwort Birnen aufgehorcht hatte und auf diese (Papier-)Art gerne ebenfalls an saftige, duftende Birnen, Äpfel und andere Leckereien kommen würde. Allerdings hatte er eine Kleinigkeit vergesse. „Richtig, Waschbär, das stimmt soweit. Aber du hast eines übersehen", sagte Eule mit einem Lächeln. „Auf dem Papier wird nämlich aufgeschrieben oder gezeichnet, was im Tausch für beispielsweise die Birnen zu leisten ist. Das darfst du nicht vergessen, Waschbär. Es bleibt ein Tausch. Allerdings kann derjenige, der den Schuldschein bekommt, ihn zu einem späteren Zeitpunkt einlösen. Sein Tauschpartner muss seinen Teil liefern, eben nur etwas später. Das Papier, also der Schuldschein, ist das Versprechen, eine Schuld, im Fall der Wasserratte die Schilfschaukel, einzulösen."

Eule schaute sich um. „Ach ja, erst mit einem Krallenabdruck von euch wird der Tausch besiegelt. Die Menschen ‚unterschreiben' diese Schuldscheine, das heißt, dass sie ihren Namen darauf schreiben. Da aber die meisten von euch nicht schreiben können, soll ein Krallenabdruck ausreichen." „Wir sollen jedes Mal zu dir kommen, damit du deine Krallen auf die Schuldscheine drückst?", fragte Egon Platzhirsch. Er war heute schlecht gelaunt und wollte offenbar nicht verstehen. Eule schüttelte genervt ihr weises Haupt. „Also nein, nein, nein. Nicht ich drücke meine Kralle auf alle eure Schuldscheine, sondern jeder, der einen Schuldschein ausstellt, drückt seine Kralle, seinen Huf oder seine Pfote auf das Papier. Versteht ihr? Das ist euer Zeichen, das nicht verwechselt werden kann. Nur ein Hirsch kann mit einem Hirschhuf ‚unterschreiben', nur ein Hase mit einer Hasenpfote, nur ein Waschbär mit einer Waschbärenpfote und eine Kohlmeise mit einer Kohlmeisenkralle."

Es ging ein Raunen durch die Lichtung. Das klang so, ja, das klang regelrecht seriös. Wer konnte, streckte seine Brust heraus. Sie kamen sich alle sehr schlau und weise vor. Sie würden Schuldscheine ausstellen. Oh, das war gut. Ab jetzt konnte jeder alles bekommen, wann er wollte, er musste ja nur einen Schuldschein ausstellen.

Wieder war es seltsamerweise Waschbär, der sich zu Wort meldete. Inzwischen war die Sonne untergegangen, die Tiere wollten ins Bett und

Eule wollte endlich ihre Nacht mit einer Flugrunde über den Wald beginnen. Aber Waschbär schüttelte seinen Kopf. „Womit stellen wir diese Schuldscheine her, Eule?", fragte er. „Wir haben kein Papier. Und diese Farben, die die Menschen benutzen, haben wir auch nicht." Das stimmte. Jetzt waren sie schon so weit gekommen, Eule wollte nicht mehr aufgeben. Fieberhaft überlegte sie – und war dankbar, als Lillie sagte: „Wir könnten Blätter nehmen, jetzt im Herbst sind sie schön gelb, da kann man gut etwas darauf malen mit dunkler Farbe. Und als Farbe schlage ich Holunderbeersaft vor. Er ist schön dunkel." Eule war begeistert. Das war perfekt.

 ## Der erste Pfotenabdruck

Mutter Eichhörnchen strahlte ebenfalls vor Glück. Denn wie es der Zufall wollte, hatte sie gerade am Tag vorher Holunderbeeren gesammelt. „Schnell, lauf und hol die Holunderbeeren von gestern aus der Vorratskammer", wies sie eines ihrer Kinder an, das sofort losflitzte. Als es wiederkam, hielt es eine dieser runden, fast schwarzen, glänzenden Beeren in seinen Pfoten. „Eule, nun lass uns gleich einen Schuldschein malen", rief Mutter Eichhörnchen. Und Eule wie auch Lillie, Waschbär und die Wasserratte kamen zu ihr herüber, um sich das anzusehen. Alle anderen Tiere pressten sich dicht nebeneinander, um noch etwas sehen zu können, denn schließlich war es inzwischen Nacht geworden im Wald.

Gott sei Dank schien der Mond hell und strahlte auf das gelbe Ahornblatt, das jemand schnell vom Waldesrand geholt hatte und jetzt vor Mutter Eichhörnchens Füßen lag. „Also, was male ich darauf?", fragend schaute sie Eule an. „Nein, nein, nicht du, sondern die Wasserratte muss den Schuldschein malen, denn sie schuldet ja dir die Gegenleistung für die zwei Birnen." Das stimmte. Also nahm die Wasserratte die Holunderbeere, drückte eine Kralle in das dunkle, saftige Beerenfleisch und malte nun mit dem Saft eine Schilfschaukel auf das Ahornblatt. Gebannt schauten ihr alle zu. Würde das funktionieren? Würden sie Schuldscheine haben?

„Oooh, sie kann schön malen", seufzte Waschbär, „und das riecht so gut"; er leckte sich seine Pfoten. „Typisch", mehr konnte Eule dazu nicht denken. Lillie musste grinsen, aber schaute dann wieder ernst zur Wasserratte und sagte: „Jetzt noch deinen Pfotenabdruck, Wasserratte." Die Wasserratte quetschte etwas Saft aus der Holunderbeere, tauchte ihre Pfote hinein und setzte unter ihre Schilfschaukelzeichnung

einen sauberen Pfotenabdruck ihrer vom Schwimmen, Laufen und Graben sehr kräftigen Pfote. „Bitte sehr", schnarrte sie, und hielt das Blatt hoch. Die Tiere jubelten. Sie hatte tatsächlich einen Schuldschein gemalt. Er war echt und schön (und roch sehr lecker, dachte Waschbär bei sich; er hatte sich sofort in diese „Schuldscheine" verliebt).

„Nun gebt euch die Pfoten zum Abschluss eures Tauschhandels", sagte Eule mit gerührter Stimme, „und dann gibst du, Wasserratte, den Schuldschein an Mutter Eichhörnchen, und sie überlässt dir die Birnen." Feierlich streckte die Wasserratte ihre vom Holunderbeerensaft noch feucht glänzende Pfote Mutter Eichhörnchen hin, die kurz zögerte, aber dann kräftig einschlug und damit den Tausch bestätigte. „Du weißt ja, wo die Birnen liegen, nicht?", flüsterte sie der Wasserratte zu. Diese grinste und nickte wissend. Das würde ein Festmahl geben. Und morgen früh, noch vor Sonnenaufgang, würde sie losziehen und das Schilf für die Schaukel holen, schwor sich die Wasserratte.

Sie blickte sich um, dankte Mutter Eichhörnchen, Lillie und auch Eule und verabschiedete sich dann. „Es ist spät." Alle nickten, denn jetzt, da der erste Schuldschein gemalt worden war und sich die Aufregung langsam legte, merkten alle, wie müde sie waren. Miteinander brummelnd, tuschelnd und lachend, trollten sie sich ihrer Wege. Nach einem letzten Blick zu Mutter Eichhörnchen, einem schnellen „wir sehen uns in fünf Tagen" und einem freudig lächelnden Nicken von Mutter Eichhörnchen, eilte die Wasserratte zufrieden und voller Vorfreude auf die glücklich schmatzenden Mäuler ihrer Kleinen nach Hause.

6. KAPITEL: WASCHBÄR

Längst war die Wasserratte zu Hause am Fluss angekommen, hatte sich Lillie in ihrer neuen Erdhöhle zum Schlafen gelegt und rauschte Eule mit ihren weiten Schwingen durch die Nacht, als Waschbär immer noch am Rande der Lichtung im Mondschein saß. Er schaukelte vor und zurück und dachte über das Gehörte nach. Das Tauschen mit Schuldscheinen erschien so einfach, das musste doch auch für ihn funktionieren. Er wusste, dass er etwas leisten musste im Tausch für all diese leckeren, verlockenden Birnen, Äpfel und Nüsse, die die anderen Tiere so fleißig gesammelt hatten. Was könnte er anbieten? Etwas, was er leicht selbst anfertigen konnte. Er dachte und dachte, und über das viele Denken vergaß er seinen grummelnden Magen und versank schließlich in einen tiefen Schlummer.

Die Tiere schliefen gut in dieser Nacht. Fast jeder lag in seiner neuen Höhle, seinem neuen Bau oder Nest. Vögel, Nagetiere und auch ihre großen Nachbarn, die Hirsche und die Rehe, konnten sich satt und zufrieden in wärmendes Stroh, Heu oder Moos kuscheln und von einer wunderbaren Zukunft träumen. Es kamen sehr viele gelbe, mit Holundersaft bemalte Blätter in den Träumen dieser Nacht vor. Aber wen wundert das, wenn die bunt bemalten Blätter doch den Tieren schnelle und aufregende Tauschgeschäfte versprachen.

Auch durch Waschbärs Träume flatterten diese bunt bemalten Blätter. Vorrangig waren sie in den Farben birnengelb und apfelrot gehalten. Dann und wann taumelte auch ein pflaumenblaues Blatt durch seinen Traum. Richtig, Waschbär träumte von vielen, vielen Schuldscheinen, die ihm die leckersten und saftigsten Früchte versprachen. Aber was er im Tausch dafür seinen Tiernachbarn anbot, das verschwamm noch im Traumnebel. Er konnte es nicht erkennen.

Früh am Morgen, mit dem ersten Sonnenstrahl, wachte Waschbär auf. Er erinnerte sich an seinen Traum und dessen saftige Verheißung. Aber es blieb dabei: Er musste etwas finden, das er tauschen konnte. Erst einmal frühstücken, dachte er sich. Welcher Waschbär kann schon mit leerem Magen denken? Also putzte er sich schnell das Gesicht und bürstete seinen Schwanz glatt und seidig, um dann mit einem letzten Seufzer seine herrlich weich und warm gefütterte Schlafkugel zu verlassen.

Als er gerade aus ihr heraus kroch und sich innerlich freute, wie viele Tiere seine neue Schlafkugel neidisch angestarrt hatten, hielt er mitten in der Bewegung inne – DAS WAR ES! Seine Schlafkugel! Wieso war er nicht eher darauf gekommen? Alle beneideten ihn um dieses Stück Waschbärkunst. Er hatte es sich ganz allein ausgedacht, dieses Gespinst aus Zweigen, das er zu einer Kugel formte und deren Inneres er so weich ausgekleidet hatte. Bequemlichkeit und Wärme bei gleichzeitiger Mobilität, das waren die unschlagbaren Vorteile seiner Erfindung. Ha, und nur er wusste, wie so eine Kugel herzustellen war. Manch einer hatte schon einen Nachbau probiert, aber alle waren gescheitert.

Wieder musste Waschbär grinsen, denn es kam auf das richtige Material an, dünne Zweige der Eberesche, die man auch nicht direkt vor Ort fand, und dann auf die richtige Schichtung der Füllung. Wer erst das Heu hineinlegte und darauf das Moos, hatte schon den ersten Fehler begangen. Ja, es war eine Kunst, und nur er, Waschbär, kannte ihr Geheimnis. Er war im Vorteil und damit ein begehrenswerter Tauschpartner. Er war sich sicher: Das war seine Chance.

 ## Waschbär Enterprises

Waschbär würde also in das Schlafkugelgeschäft einsteigen: Er würde gegen Obst und anderes Futter seine allseits bekannten und beneideten Schlafkugeln tauschen. Als Waschbär bei einem kleinen Mittagsplausch der Wanderratte von seiner Geschäftsidee erzählte, hatte die nichts Besseres zu tun, als gleich loszuwandern und jedem, den sie traf, von Waschbärs Geschäftsidee zu erzählen. Wanderratten gelten als recht geschwätzig, müsst Ihr wissen.

Sie erzählte die Idee den Spechten, die kurz Pause von ihrer anstrengenden Holzarbeit machten. Sie erzählte sie den Eichhörnchen, die neben den Spechten ihre Baumhöhle ausstatteten, und den Sieben-

schläfern, die allein beim Wort „Schlafkugel" aus ihren Verstecken gekrochen kamen, um mehr zu erfahren. Die Wanderratte berichtete den Mäusen von Waschbärs Schlafkugelgeschäft, den Enten, den Blesshühnern im Nebennest und den Ottern. Sie erzählte es einfach jedem, der ihr auf ihrer Wanderung über den Weg lief. So verbreitete sich die Nachricht wie der Blitz im gesamten Wald. Und da schon immer viele der Waldtiere ihren kuscheligen Freund Waschbär um seine offenbar noch kuscheligere Schlafkugel beneidet hatten, standen sie am nächsten Morgen Schlange vor Waschbärs Schlafplatz.

Waschbär hatte als alter Langschläfer noch nicht einmal die Augen geöffnet, da drang schon aufgeregtes Geraune und Gequatsche an seine Ohren. Stellenweise wuchs sich das Gemurmel zu einer hitzigen Debatte aus: „Wir waren zuerst hier." „Nein, wir." „Wenn ihr nicht ordentlich Schlange stehen könnt, dann …" „Was dann? Sag uns nicht, was wir zu tun haben." „Ruhe!" „Aua – runter von meiner Pfote!" „Das war mein Schwanz." „Trampel!" „Blindes Huhn!" „Dumme Gans!"

Ja, Tiere sind um Schimpfwörter nicht verlegen. Zum allgemeinen Übel kam auch noch die wahre Dumme Gans. Als sie den Schlagabtausch hörte und das an einen der Streithähne gerichtete „Dumme Gans" an ihr vorbeiflog, da zischte sie böse und schlug heftig mit ihren Flügeln. „Pack!", fauchte sie und eilte von dannen. In ihrem Hirn aber hatten sich die Worte über Waschbärs Schlafkugelgeschäft eingebrannt. Sie ahnte, dass diese Neuigkeit Hironimos Wiesel interessieren würde. So schnell sie konnte, watschelte sie zu Hironimos in den dunklen Teil des Waldes. Da bahnte sich Böses an.

Inzwischen war Waschbär wach und aus seiner Schlafkugel gekrabbelt. Seinen Pelz kratzend, stand er vor der Ansammlung unruhiger Tiere und schaute verdutzt. „Was'n hier los?", gähnte er. Die Spechtdame zwitscherte eifrig los: „Die Wanderratte hat uns von deinen Schlafkugeln erzählt. Wie teuer sind sie? Wie viele Äpfel möchtest du für eine? Sie muss aber groß sein! Meine ganze Familie soll in ihr schlafen; wir sind zu neunt. Herr Specht, Specht junior 1, 2, 3, 4, unsere drei Töchter, unser Babyspecht und ich. Das macht sogar zehn! Zehn, Waschbär, ich brauche eine Schlafkugel für zehn Spechte. Wann ist sie fertig, wann können wir sie holen? Und wie bekommen wir sie in unseren Baum? Und …"

„STOPP!" rief Waschbär. „Stopp." Pfffh, also, so viel Gezwitscher am Morgen brachte ihn aus der Fassung. Und dementsprechend fassungslos starrte er die Spechtdame an. „Zehn? Baum? Wanderratte? Schlafkugel?", wiederholte er. Ergab das einen Sinn? Einer der Siebenschläfer konnte Waschbärs Verschlafenheit am Morgen sehr gut nachvollziehen. Er drückte sich durch die Tiermenge nach vorne, setzte sich vor Waschbär hin, strich sein buschiges Schwänzchen glatt und fing gemütlich an zu erklären, warum all diese Tiere hier vor Waschbär standen. Während der Siebenschläfer erzählte, rutschten die Worte „Wanderratte, Schlafkugel, Äpfel, Schuldscheine, Spechtdame, Baum und zehn in eine Ordnung, mit der Waschbär etwas anfangen konnte. Er verstand: Am Vortag hatte er der Wanderratte von seiner Idee erzählt. Was gestern noch eine Idee gewesen war, war heute Wirklichkeit – dank Wanderrattes wanderfreudigen Pfoten und erzählfreudiger Schnauze.

Hier standen seine ersten Kunden! Und sie waren begeistert; sie überboten sich. Wenn einer für eine einfache Schlafkugel drei Äpfel bot, erhöhte der nächste den Preis um noch einen Apfel. Der dritte wiederum wollte mit Birnen bezahlen, fünf Birnen für eine Doppelbett-Schlafkugel. Waschbär musste sich nur noch hinsetzen und Schuldscheine ausfüllen. All die Leckereien wie Äpfel und Birnen wurden ihm einfach zugetragen. Es war fantastisch, und so einfach: Auf großen Ahornblättern zeichneten er und seine Tauschpartner die Schlafkugeln, die er ihnen schuldete, er signierte das Blatt mit einem Pfotenabdruck, nahm Äpfel, Birnen, Nüsse und andere Leckereien entgegen, und fertig war das Geschäft.

Als der Letzte der Menge endlich weg war, fiel Waschbär glücklich auf seinen Rücken, streckte alle Viere in den Himmel, gluckste und rollte sich vor Glück hin und her. Wenn er noch ein paar weitere Schuldscheine ausstellen könnte, wäre sein Wintervorrat mehr als gedeckt. Er würde das Obst trocknen und dann den Winter über im puren Apfel- und Birnenluxus schwelgen. Wie einfach das Leben sein konnte – großartig, einfach und großartig.

 **Ein fataler Fehler**

Was Waschbär nicht bemerkt hatte, war die dunkle Gestalt, die in den Büschen aufgetaucht war und alles mit schmalen, listig blitzenden Augen beobachtete: Hironimos Wiesel. Sein Grinsen verhieß nichts Gutes. Im Gegensatz zu Waschbär hatte er nämlich aufgepasst und mitgezählt: 21 Schlafkugeln hatte Waschbär seinen Kunden versprochen. Wenn Waschbär für eine Schlafkugel drei Arbeitstage bräuchte, dann würden diese Schlafkugeln schon jetzt 63 Arbeitstage in Anspruch nehmen, mehr als zwei Monate. Das hieße, dass die letzten der Tiere ihre Schlafkugeln erst bekämen, wenn der Winter sie schon wochenlang in seinen eisigen Temperaturen frieren und schlottern ließ. Das würden sie nicht gut finden; das würde Ärger geben.

Hironimos Wiesel dachte nach. Es war nicht so, dass Waschbär ihm Leid tat. Solche Gefühle kannte er nicht. Nein, er war tatsächlich begeistert von dem Gedanken, dass Waschbär Ärger bekommen würde. Denn selbst, wenn er Tag und Nacht durcharbeitete – für einen Waschbären allein war das nicht zu bewältigen. Und hier kam er, Hironimos Wiesel ins Spiel: Hironimos witterte die Chance, einen teuflischen Plan zu verwirklichen, der in ihm reifte.

Das Wiesel lachte laut auf, so dass aus den Büschen Vögel ängstlich aufflatterten und andere, vierbeinige Tierchen zu Tode erschrocken wegrannten. „Geschickt", lobte er sich selbst, „das hast du dir geschickt ausgedacht. Nun muss ich nur noch ein paar Tiere dazu überreden, bei Waschbär weitere Schlafkugeln zu bestellen, und schon wird Waschbär in der tiefsten Misere seines ach so kurzen Waschbärlebens stecken." Mit erregtem Zischeln rannte Hironimos los. Sein Ziel hieß, weitere Schlafkugelinteressenten zu finden und zu Waschbär zu schicken. Keine Frage, Hironimos Wiesel war wahrhaft böse. Das sollte Waschbär bald merken.

7. KAPITEL: DER PAKT

Als Waschbär am nächsten Tag aufwachte, hörte er eifriges Gemurmel von draußen. Glücklich bürstete er schnell seinen Pelz und trat vor die Tiergruppe. „Sicher habt ihr von meinem großartigen Geschäft gehört und seid hier, um eine meiner einzigartigen Schlafkugeln zu bestellen", sprach er stolz zu den Tieren. Obwohl sie das ein wenig eingebildet fanden, war die Aussicht auf eine von Waschbärs viel gerühmten Schlafkugeln einfach zu verlockend, als dass sich auch nur eines der Tiere abgewandt hätte. Erneut saß Waschbär glücklich da und patschte mit seiner Pfote Signatur um Signatur auf die Schuldscheine. Inzwischen ging es nicht mehr nur um Äpfel oder Birnen im Tausch. Man bot ihm Rosinen, Aprikosen, Hirsekekse und andere leckere Dinge an. Die Tiere überboten sich gegenseitig, um ja die beste und schönste und wärmste Schlafkugel aller Zeiten zu bekommen. Keinen einzigen Gedanken verschwendete Waschbär daran, dass er diese Schulden in naher Zukunft einlösen musste, dass er sich mit jedem weiteren signierten Schuldschein in arge Not – Zeitnot – manövrierte. Und er bemerkte auch wieder nicht die Gestalt von Hironimos Wiesel im Gebüsch. Ach Waschbär, was bist du nur so ahnungslos! Im Gegensatz zu dir hat Hironimos mitgezählt: 40 Schlafkugeln sind bestellt; die wirst du nicht vor Ende des Winters fertigstellen können. Die Tiere werden sehr böse sein und Gerechtigkeit fordern.

Und so kam es. Ehe ein Monat herum war, kamen die ersten von Waschbärs Tauschpartnern immer öfter zu ihm und fragten zornig, wann ihre Schlafkugeln fertig seien. Die Situation spitzte sich rasch zu, als sie merkten, dass Waschbär hoffnungslos überfordert war. Entrüstet rotteten sie sich zusammen. „Es muss etwas geschehen!", sagten sie. „Wir sind betrogen worden", fauchte, krähte und röhrte es. „Wir gehen zu Eule! Schließlich waren die Schuldscheine ihre Idee. Sie muss uns helfen."

Der Aufruhr blieb nicht unbemerkt: Lillie, die sich seit einiger Zeit wunderte, warum sie Waschbär nicht mehr zu Gesicht bekam, ahnte, dass sich über seinem Waschbärenkopf arges Unheil zusammenbraute. Am

Abend besuchte sie ihn und fand ein Häufchen Elend zusammengesackt vor seiner Schlafkugel sitzen, inmitten von Zweigen, Gräsern, Moos und Heu. Alles lag unordentlich durcheinander und verstreut herum. Planlos. Erschrocken schaute Lillie ihren Freund an. „Was ist hier los?" Es antwortete ihr nur Stille, dann ein Brummen.

Waschbär schaute das Hasenmädchen lange an. Wenn er ihr alles erzählte, würde sie ihn ausschimpfen. Da war er sich ganz sicher. Sie, die immer so besonnen handelte, würde ihn nicht verstehen. Also drehte er ihr den Rücken zu und sagte: „Lass mich in Ruhe." Sein Tonfall war so abweisend, dass Lillie zögerte. Vorsichtig und zaghaft stupste sie ihn an und legte eine samtene Hasenpfote auf seine Schulter. Als ihre Pfote unwirsch und heftig weggewischt wurde, drehte sie sich um und ging. „Eingeschnappte soll man allein lassen", dachte sie sich. Innerlich tat ihr das sehr weh. Sie wusste, dass Waschbär in Schwierigkeiten steckte. Aber er wollte sich ihr nicht anvertrauen. Obwohl sie Freunde waren, schickte er sie weg. Der Stich in ihrem Hasenherzen brannte wie Feuer.

Waschbär ging es nicht viel anders. Er litt. Lillie wegzuschicken war nicht nur unfair, sondern auch dumm: Seine kluge Freundin hätte ihm helfen können. Doch die Schmach, ihr alles zu gestehen, wäre zu groß. Er musste das Problem alleine lösen. Er musste Hilfe finden, jemanden, der ihm beim Bau der Schlafkugeln helfen könnte, damit es schneller ginge. Waschbär dachte angestrengt nach: Wer käme in Frage? Ja, am besten müssten es Vögel sein, die kannten sich mit Zweigen und dem Flechten aus. Immerhin bauten sie ja jährlich Nester. Es dürfte aber kein Vogel aus der näheren Nachbarschaft sein, dachte Waschbär. Sie würden petzen, und sein Problem würde Eule zu Gehör kommen. Vor ihr hatte er am meisten Angst. Außerdem müsste es ein großer Vogel sein, denn seine Schafkugeln waren ja nicht nur für Vögel bestimmt, sondern auch für größere Tiere. Wie sollte ein kleiner Vogel die Schlafkugel für einen großen Dachs flechten? Nein, er würde am nächsten Tag in die tieferen und dunklen Teile des Waldes gehen und dort nach Hilfe suchen. Vielleicht könnte die Dumme Gans ihm sogar helfen? Wie ihr Name schon sagte, war sie nicht ganz helle und würde vielleicht gar keine Fragen stellen? Es war einen Versuch wert. Völlig erschöpft und mit klammem Gefühl rollte sich Waschbär zur Nacht zusammen. Seine letzten Gedanken galten Lillie: Ob sie ihm verzeihen würde?

Am nächsten Morgen stand Waschbär noch im Dunkeln auf. Keiner sollte bemerken, wie er sich auf den Weg in den dunklen Wald machte. Schnell huschte er aus seiner Schlafkugel, verließ auf Zehenspitzen die Lichtung, auf der er wohnte, und verschwand so schnell es ging im dichten Gebüsch und außer Sichtweite. Nach einem anstrengenden Marsch kam er in die dunklen Tiefen des Waldes. Hier wuchsen keine Birken mehr zwischen den Nadelbäumen, selbst Nuss- und Kastanienbäume gab es hier nicht mehr. Dunkle Tannen standen dicht an dicht und ließen nur zur Mittagsstunde vereinzelte Sonnenstrahlen bis auf den Waldboden vor. Der Boden war feucht; er trocknete nie. Altes Laub häufte sich, Pilze und Moose überzogen alles, heruntergefallene Äste, Steine, Baumstümpfe. Ihre dicken Polster verschluckten jegliches Geräusch, und in der unheimlichen Stille hörte Waschbär nur sein eigenes Atmen. Er schnaufte, denn er war zügig bis hierher marschiert.

Nun blieb er stehen und schaute sich um. Wo sollte er anfangen zu suchen? Sollte er einfach rufen? Nein, das wäre nicht gut. Er wollte kein Aufsehen erregen. Er war hier fremd, kannte sich nicht aus. Wer weiß, wer an diesem finsteren Ort alles wohnen mochte? Es schauderte Waschbär, und sein verzweifeltes Herz schlug ihm bis zum Hals. Jeder im Umkreis von ein paar Metern musste doch diesen Herzschlag hören, dachte er panisch.

Da knisterte etwas hinter ihm. Er schreckte zusammen. Er meinte ein Getuschel zu hören, und plötzlich flog ihm ein großes weißes, flatterndes Etwas vor die Pfoten: die Dumme Gans! Etwas oder jemand musste sie aus dem Gebüsch gestoßen haben. Seltsam. Aber Waschbär

konnte nicht länger darüber nachdenken, sondern musste sich auf die Dumme Gans konzentrieren. Sie watschelte um ihn herum und zischte höhnisch. „Sssh, wen haben wir denn da? Wenn dasss nicht Waschbär issst, sssh. Wasss tust du hier? Wasss willsst du?" Das hörte sich nicht gut an. Eingeschüchtert stammelte Waschbär sein Anliegen vor sich hin, mehrmals unterbrochen von einem ungeduldigen Zischen der Gans: „Wasss? Warum? Sprich lauter, Waschbär!"

Als Waschbär endlich alles gesagt hatte, grinste die Dumme Gans. „Und du denksst, dasss dir hier jemand helfen will? Sssh, wie gutgläubig von dir." Waschbär konnte nicht mehr: Sein Kopf fiel auf seine Brust, und seine Schultern sackten kraftlos herab. Alles umsonst. Es war alles verloren. Wenn ihm hier niemand helfen würde, dann war er am Ende mit seinem Geschäft.

„Na, wer wird denn da gleich den Kopf hängen lassssssen?" vernahm er die heisere Stimme der Gans. „Ich wüsste da jemanden, der dir helfen kann." Langsam hob sich Waschbärs Blick mit einem Funken Hoffnung, gepaart mit Ungläubigkeit und Misstrauen. „Wer?", fragte er atemlos. „Mein Freund Hironimos Wiesel hilft gerne anderen Tieren."

Diese Worte reichten, um Waschbär zusammenzucken zu lassen. Er kannte Hironimos Wiesel nicht persönlich, aber alles, was er bisher über ihn gehört hatte, ließ nichts Gutes ahnen. Die Dumme Gans spürte sofort sein Erschrecken und schmeichelte sich ein: „Ich weißßß, er besitzt nicht den besten Ruf. Aber sag, WER spricht Schlechtes über ihn? Doch nur Eule, dieses besserwisserische Federvieh." Kritik an Eule? Das war Waschbär nicht gewohnt. Die Dumme Gans bohrte weiter: „Sag, wie oft hat die Eule schon mit dir geschimpft? UND wie oft hat sssie dich gelobt? Sssh? Sssag!"

Sie traf einen wunden Kern in Waschbärs Herzen. Das stimmte, wie oft schon hatte Eule ihn für seine Unbedachtsamkeit gerügt und wie selten ihn aber gelobt. Und während diese Zweifel in Waschbär nagten, redete die Dumme Gans immer weiter auf ihn ein, packte schließlich mitleidig seine Pfote und sagte: Sssiehst du, Hironimos Wiesel ist gar nicht so. Neider! Bessssserwissser! Lerne ihn ssselber kennen. Er wird dir helfen." Sie zog Waschbär mit sich.

In Wiesels Bau

In seinem Bau saß Hironimos Wiesel an seinem Feuer und wärmte sich seine Pfoten. Da hörte er das Geräusch herannahender Schritte; er schaute hinaus und sah schon die Dumme Gans mit Waschbär im Schlepptau auf ihn zuwatscheln. Hironimos grinste. Das ging schneller, als er gedacht hatte. Hironimos rieb sich die Tatzen. Fein hatte er das eingefädelt, sehr fein. Und die Dumme Gans? Dieses eine Mal hatte sie sich tatsächlich als eine kluge Gans herausgestellt. Auch eine Dumme Gans hat bisweilen Verstand, dachte er bei sich und hielt einladend die Tür auf.

„Nun, wer kommt denn zu so früher Stunde zu mir in den Tiefen Wald? Wenn das nicht unser neuer Geschäftsmann ist, Waschbär, der Schlafkugelfabrikant. Herzlichen Glückwunsch zu deinem guten Geschäftssinn", säuselte das Wiesel, fasste Waschbär an der Schulter und schubste ihn in seinen Bau. Das listige Tier ließ keinen Widerstand zu. Waschbär war hin und her gerissen: Einerseits fürchtete er sich vor dem Wiesel, und ein unbehagliches Gefühl sagte ihm, dass er geradewegs in eine Falle hineintapste; andererseits war er in einer so vertrackten Situation, dass er bebend auf Hilfe hoffte.

Als sie sich gesetzt hatten und Waschbär sogar Nüsse vorgelegt bekam, konnte er nicht länger warten. Er musste Hironimos gestehen, warum er der Dummen Gans zu ihm gefolgt war. Kurz schilderte er seinen großen Erfolg mit seinem Schlafkugelangebot. Bevor er ansetzen konnte, das eigentliche Problem, sein Zeitproblem, anzusprechen, unterbrach ihn das Wiesel und lobte ihn überschwänglich für diese, wie er meinte, „blendende Idee". „Großartig, einmalig, absolut verehrungswürdig", säuselte Wiesel. Dieses Lob besserte Waschbärs Befinden keineswegs, im Gegenteil: Spätestens jetzt wusste er, dass Hironimos etwas im Schilde führte. Ein solch großes Lob war fehl am Platze. Es sei denn, das Wiesel erkannte nicht, dass diese

40 Schlafkugeln, die er den Tieren bereits schuldete, erst einmal angefertigt werden mussten. Und so dumm, das wusste Waschbär, war das Wiesel nicht.

Wiesel ahnte Waschbärs Zweifel. Also änderte es seine Taktik; statt ihn überschwänglich zu loben, sprach Hironimos nun im Tonfall größten Verständnisses zu ihm: „Und jetzt steckst du in Schwierigkeiten." Waschbär nickte. „Du hast die Tauschobjekte deiner Kunden – Obst, Nüsse und andere Leckereien – bereits bekommen." Wieder nickte Waschbär. „Und kannst nicht liefern, weil du nicht genug Zeit zum Bauen der Kugeln hast."

Die klare Analyse von Hironimos entlockte Waschbär einen verzweifelten Seufzer. „Die Tiere werden mich verraten! Sie werden zu Eule gehen, es ihr erzählen. Eule wird mich ausschimpfen, mich vor allen bloßstellen, und alle werden sauer sein. Keiner wird mehr mit mir sprechen. Aber vor allem werden sie alle ihre Tauschobjekte zurückverlangen. Alle Äpfel, Birnen, Rosinen – wovon soll ich dann im Winter überleben?" Das Wiesel nickte. „Ja, das ist eine arge Situation. Verhungern lassen können wir dich selbstverständlich nicht." Das klang nach Hoffnung in Waschbärs Ohren.

„Nun, was können wir tun?", sprach das Wiesel wie zu sich selbst. Gedankenverloren blickte es ins Feuer. „Angenommen, ich würde dir helfen." Stille. Würde das Wiesel ihm tatsächlich helfen? „Sagen wir, ich schicke dir die Dumme Gans und Willibord das Wildschwein zu Hilfe. Zusammen könntet ihr die Schlafkugeln sicherlich in weniger als der Hälfte der Zeit anfertigen. Wie wäre das?" Waschbär musste sich bemühen, langsam zu sprechen. Vor Aufregung verdrehte sich seine Zunge. „Das wäre meine Rettung. Aber sag, was verlangst du dafür?" Hier waren sie also an dem Punkt angekommen. Wollte das Wiesel ihm tatsächlich helfen, oder wollte es ihm Böses?

Mit schnurrender Stimme säuselte das Wiesel: „Aber Waschbär, ich will dir doch helfen. Ich würde doch keinen hohen Preis dafür verlangen. Versprich mir nur die größte und schönste Schlafkugel, die du herstellst, als Gegenleistung. Wann immer sie fertig wird, hole ich sie. Mach dir darum keine Gedanken. Lass dich von dieser Kugel nicht unter Druck setzen. Wie gesagt, wann immer sie fertig wird, hole ich sie." Das klang gar nicht schlecht. Oder? Wie Waschbär es drehte und wendete, er sah keinen

Haken darin. Er würde mit Hilfe der Gans und des Wildschweins alle Aufträge abarbeiten, und dann in aller Ruhe für das Wiesel die größte und schönste, die wärmste und weichste Schlafkugel bauen.

Erwartungsvoll blickte Wiesel ihn an. „Nun, was sagst du, Waschbär? Das ist doch ein gerechter, na ja, mehr als das, ein ziemlich guter Tausch für dich. Oder? Du siehst, ich bin kein Untier. Mit mir kann man reden. Ich helfe mit offenen Händen und großem Herzen – wenn man mich nur darum bittet."

Der Dummen Gans wurde schlecht von dieser Rede; denn eines wusste sie: Hironimos war niemals selbstlos. Aber ihr konnte es egal sein; damit, dass sie das gutgläubige Pelztier zum Wiesel gebracht hatte, es ihrem Chef sozusagen ausgeliefert hatte, hatte sie wertvolle Pluspunkte gesammelt. Für sie war momentan die Welt in Ordnung. Und für Waschbär? Waschbär schöpfte Hoffnung. Er packte Wiesels ausgestreckte Pfote und besiegelte damit die Abmachung. Schnell drehte sich das Wiesel um, um sein höhnisches, siegessicheres Grinsen zu verbergen. Als er Waschbär wieder anblickte, war sein spitzes Gesicht mit den Raubtierzähnen ruhig und gelassen. „Also dann, lieber Waschbär, herzlichen Glückwunsch zu deiner Entscheidung. Noch heute werden die Gans und Willibord zu dir kommen, damit ihr sofort an die Arbeit gehen könnt. Und denke immer daran: Die größte und schönste Schlafkugel wird meine sein."

Waschbär konnte es nicht glauben, dass er so einfach wegkam. Aber schon hielt ihm Hironimos die Tür auf und entließ ihn in den Wald. „Gehe immer geradeaus", wies er Waschbär den Weg, „und an der ersten Kastanie, die du siehst, gehe rechts. Du kommst am großen Waldteich vorbei, und ab da kennst du ja den Weg." Unser pelziger Freund nickte und eilte befreit von dannen. Nichts wie weg hier, nichts wie nach Hause und – natürlich – etwas essen. Denn jetzt, nachdem die Anspannung von ihm abfiel, merkte er, dass er bis auf ein zwei Nüsse in Wiesels Bau noch nichts gefrühstückt hatte und dass sein Magen leidvoll knurrte.

In Wiesels Bau wandte sich Hironimos der Dummen Gans zu. „Gut gemacht", schnarrte er. „Sehr gut. Nun geh und such Willibord. Dann geht ihr zu Waschbär und helft ihm, wie ich es versprochen habe." Es ärgerte die Dumme Gans, so herumkommandiert zu werden. Aber

sicherlich würde sich das Wiesel dankbar erweisen, hatte sie ihm doch den Waschbären ausgeliefert. Also lief sie eilig los, um Willibord zu suchen. Als sie den Wieselbau verließ, setzte sich Hironimos hin, starrte ins Feuer und grinste vor sich hin. Das Unheil nahm seinen Lauf.

 Neue Helfer

Zurückgekehrt und wohlgenährt, begab sich Waschbär direkt an die Arbeit. Schon kurze Zeit später verkündete ein lautes Knacken im Wald die Ankunft seiner beiden Helfer. Sie fragten nicht lange, sondern schauten ihm zu, wie er seine Schlafkugeln zusammenbaute, und griffen beherzt zu. Es war unglaublich, innerhalb einer Woche hatten sie die Hälfte der Bestellungen abgearbeitet, und die Kunde breitete sich aus, dass Waschbär nun doch liefern könne. Waschbär hatte seinen Arbeitsplatz abgesperrt und den Tieren gesagt, dass er jeden einzeln informieren würde, sobald seine Schlafkugel fertig wäre. So vermied er es, dass man ihn mit der Dummen Gans und Willibord Wildschwein gemeinsam sah. Das wäre ihm nicht recht gewesen. Keines der Tiere sollte wissen, wie verzweifelt seine Situation gewesen war und dass er Hilfe gesucht hatte. Geschweige denn, dass er ihnen sagen würde, dass Hironimos Wiesel sein Wohltäter war.

Als die Tiere merkten, dass Waschbär fast pünktlich lieferte und niemand mehr Grund zur Klage hatte, wurden seine Schlafkugelschuldscheine immer begehrter. Die Tiere, die einen solchen Schuldschein besaßen, wurden beneidet. Wer hätte nicht gern so eine Schlafkugel? Vor lauter Stolz hatte sich beispielsweise die Eichhörnchenmutter ihren Schuldschein von Waschbär über den Eingang ihrer Baumhöhle genagelt. Jeder ihrer Besucher sah unweigerlich dieses wertvolle Ahornblatt mit der Holunderbeerensaftzeichnung und dem Abdruck von Waschbärs Pfote.

Langsam wurde es Zeit, dass sich Waschbär an die Arbeit für die Schlafkugel, die Egon Platzhirsch für seinen Nachwuchs bestellt hatte, machte. Sie würde ungeheuer groß werden und viel Arbeitszeit verschlingen. Nur Dank der Hilfe der Dummen Gans und des Wildschweins konnte es sich Waschbär überhaupt leisten, damit anzufangen. Allerdings war Egon Platzhirsch dafür bekannt, dass er sehr schnell wütend wurde, wenn etwas nicht nach seinen Vorstellungen lief. Gleich bei der Bestellung hatte er Waschbär unumwunden auf die Schnauze zugesagt, dass er ihm, sollte er unzufrieden mit seiner Schlafkugel sein, mit einem einzigen Tritt seiner scharfen Hufe eine Pfote abhacken würde. Natürlich glaubte keiner, dass er so weit gehen würde; aber Waschbär war sich sicher, dass eine Unzufriedenheit bei Egon schmerzvolle Erfahrungen bei ihm hervorrufen würde. Das wollte er vermeiden. Mit äußerster Konzentration machte er sich also ans Werk. Er suchte die biegsamsten Weidenruten aus, holte das weichste Moos von einer geheimen Stelle weit weg und gab sich die größte Mühe.

Bei seinem Eifer entging Waschbär, dass die Dumme Gans und Willibord Wildschwein das Vorankommen der Kugel für Egon Platzhirsch mit besonders interessierten Augen beobachteten und hin und wieder die uns nun schon bekannte und ungebetene Silhouette des Wiesels in den Büschen auftauchte. Hironimos Wiesel hatte Waschbärs Arbeit im Blick, besser gesagt: Er hatte einen ganz besonderen Blick auf diese Schlafkugel geworfen, die einmal Egon Platzhirsch gehören sollte.

8. KAPITEL: MUTTER EICHHÖRNCHEN

Inzwischen waren die Tage sehr kalt geworden. Noch lag kein Schnee, aber lange konnte es nicht mehr dauern. Der Wald erstarrte schon im Frost – und eines Tages lag das kleinste Kind von Mutter Eichhörnchen krank mit fieberheißer Stirn und roten Bäckchen unter seiner Decke und wimmerte: Das Kleine war ein Bild des Elends, und Mutter Eichhörnchen wollte schier das Herz brechen vor Mitleid. Stunde um Stunde flößte sie ihrem Liebling kostbaren Fieberbeerentee ein. Aber bald schon war der Tee aufgebraucht. Mutter Eichhörnchen verzweifelte. Sie brauchte dringend Nachschub. Da sie aber die letzten Tage mit der Krankenpflege verbracht hatte, hatte sie nicht einmal Nüsse sammeln können.

Ein neuer Tausch

Womit sollte Mutter Eichhörnchen nun tauschen? Sie brauchte Beeren, hatte aber selbst keine Nüsse, die sie dagegen tauschen konnte, und sie würde auch keine Zeit haben, welche zu sammeln. In ihrer Not lief sie ohne Tauschgut los und versuchte ihr Glück mit Überredungskünsten. Bei der Wasserratte versuchte sie es, stieß dort aber auf taube Ohren. Ohne Tauschgut wollte die Wasserratte nichts von Fieberbeerentee wissen. Auch bei den Amseln wollte niemand etwas von einem Tausch hören, bei dem man etwas hergeben sollte, aber nichts dafür bekam. Und die Elstern schauten noch nicht einmal aus ihrem Nest heraus. Sie waren viel zu gierig, um überhaupt darüber nachzudenken.

Verzweifelt lief Mutter Eichhörnchen zu Lillie. Allerdings, das hatte Mutter Eichhörnchen schon geahnt, hatte Lillie leider keine Fieberbeeren. Sie meinte, dass vielleicht die Rotkehlchen diese Beeren gesammelt hätten. So eilte Mutter Eichhörnchen, immer verzweifelter, zu diesen freundlichen Vögeln mit der feuerroten Brust. Die Rotkehlchen waren ihre letzte Hoffnung.

Endlich bei den Rotkehlchen angekommen, trug Mutter Eichhörnchen, ohne Atem zu holen, ihr Anliegen vor. Die Rotkehlchen hörten ihr mit schief gelegten Köpfen zu. Ihre klaren Augen blickten das aufgeregte Eichhörnchen ruhig an. Und als ihr Gast seine Erklärungen beendet hatte, nickten sie beruhigend und verständigten sich dann in schnellem Gezwitscher untereinander.

„Ich glaube, wir haben eine Lösung für das Problem", sagte das älteste unter ihnen. „Ja?", fragte Muter Eichhörnchen hoffnungsvoll und zappelte von einer Pfote auf die andere.

Ohne darauf zu achten, fuhr das Rotkehlchen fort: „Diese Fieberbeeren sind kostbar, das weißt du. Wie wäre es, wenn du uns für die Beeren einfach deinen wunderbaren Schlafkugelschuldschein von Waschbär geben würdest?" Verdutzt hielt Mutter Eichhörnchen in der Bewegung inne. „Ihr wollt WAS?"

„Den Schlafkugelschuldschein von Waschbär! Wir wissen, dass du einen hast. Er hängt über deiner Eingangstür. Du musst zugeben, dass die Schlafkugeln sehr begehrt sind. Und das macht den Schuldschein wertvoll. Wir würden ihn im Tausch gegen die Beeren akzeptieren."

Obwohl sie gerade wieder zu Atem gelangt war, blieb Mutter Eichhörnchen bei diesem Vorschlag die Luft weg. Die Rotkehlchen wollten tatsächlich keine Äpfel, Birnen oder Heu. Sondern sie würden einen Schuldschein annehmen. Die Eichhörnchenmutter würde damit die Schulden von Waschbär weiterreichen; Waschbär würde nicht mehr ihr, sondern den Rotkehlchen die Schlafkugel liefern.

Das war ein verwirrender Gedanke. Aber – ein guter Gedanke. Denn schließlich war es egal, wer auf die Schlafkugel wartete. Waschbär musste sie so oder so bauen, ob nun für Mutter Eichhörnchen oder für

die Rotkehlchen. Auf dem Schuldschein stand ja nicht geschrieben, wer die Schlafkugel bekommen sollte (abgesehen davon, dass nur Eule etwas so Kompliziertes lesen konnte). Der Schuldschein besagte lediglich, dass Waschbär demjenigen, der den Schuldschein in den Händen hielt, eine Schlafkugel schuldete. Und das wären nach ihrem Tausch dann die Rotkehlchen.

Die Eichhörnchenmutter könnte ja jederzeit eine neue Schlafkugel bei Waschbär bestellen, wenn sie erst wieder Nüsse gesammelt hätte, die sie dann wieder gegen eine Schlafkugel tauschen könnte. „Hui", dachte sich die Eichhörnchenmutter, „das ist ja einfach. So unkompliziert. So großartig." Auf diese Weise würde sie gleich einen ganzen Haufen der Fieberbeeren bekommen, denn schließlich war so eine Schlafkugel sehr wertvoll. Die Fieberbeeren, die zu viel wären, würde sie einfach weitertauschen. Mutter Eichhörnchen erkannte, dass sie unglaublich viel für diesen einen Waschbärenschuldschein bekommen würde. Begeistert stimmte sie dem Tausch zu.

 ## Eine neue Idee

„Ja! Das ist eine tolle Idee, ich laufe gleich und hole den Schuldschein. Ihr guten Rotkehlchen, habt Dank!" Sie freute sich sehr. Ihrem Kind würde geholfen werden, und sie wäre dennoch nicht auf Almosen anderer Tiere angewiesen. Schon eilte Mutter Eichhörnchen los, ohne ein letztes Wort der Rotkehlchen abzuwarten.

Im Kopf ging sie immer wieder diese neue Tauschmethode durch. Was für Möglichkeiten sich eröffneten: Man konnte mit so einem wertvollen Schuldschein jederzeit alles holen. Wenn man gerade nichts zum Tauschen hatte, konnte man mit einem Schlafkugelschuldschein dennoch tauschen. Die Schlafkugeln waren begehrt, und somit auch die Schlafkugelschuldscheine.

In ihrer Höhle angekommen, schnappte sie sich den Schuldschein, fuhr dem kranken Kind über sein Köpfchen, flüsterte: „Gleich habe ich die Beeren für dich", und rannte zurück zu den Rotkehlchen.

Es ging alles gut. Die Rotkehlchen gaben Mutter Eichhörnchen die Beeren, und ein paar Tage später war der kleine Patient wieder gesund. Die übrigen Beeren konnte Mutter Eichhörnchen, wie sie es sich gedacht hatte, weiter tauschen. Voller Begeisterung erzählte Mutter Eichhörnchen jedem, der es wissen wollte, von diesem außergewöhnlichen Tausch. Und ehe sich der Wald versah, begann allerorts ein munterer Tausch von Schlafkugelschuldscheinen. Diese Tauschmethode erleichterte den Tauschhandel sehr. Was waren sie doch für schlaue Tierchen, dachten sich die Waldbewohner und sonnten sich in ihrem Erfolg.

9. KAPITEL:
ES WIRD ENG

Derweil war Waschbär – der von der neuen Bedeutung, die seine Schuldscheine erfuhren, nichts ahnte – ganz in seinem Element. Er war ein richtiger Geschäftsmann geworden. Unerbittlich trieb er sich und seine Gehilfen, die Dumme Gans und Willibord Wildschwein, an. Sie lagen gut in der Zeit. Während das Wildschwein und die Gans die alltäglichen Aufträge erledigten, hatte Waschbär die wunderbar große und sorgsam gearbeitete Kugel für Egon Platzhirsch vollendet. Sie war eine Wucht. Am liebsten hätte er sie selbst behalten.

Waschbär war glücklich, dass er so schnell mit dieser Sonderanfertigung fertig geworden war. Nicht ohne Stolz malte er sich das Erstaunen von Egon Platzhirsch aus, wenn er, der kleine Waschbär, mit dieser großartigen Schlafkugel auf die Hirschlichtung kommen und sagen würde: „Hier liefere ich Ihnen Ihre Schlafkugel, Herr Platzhirsch. Sie ist aus dem besten und feinsten Material gemacht, das Sie sich vorstellen können. Sie genügt höchsten Ansprüchen, und fortan wird Ihr Nachwuchs sich wunderbar weich und warm betten können. Waschbär Enterprises sagt herzlichen Dank für Ihren Auftrag und wünscht Ihnen vollkommenes Schlafglück in Ihrer persönlichen Schlafkugel."

Bei den Hirschen

Mit einem glücklichen Jauchzen stieß Waschbär die riesige Hirsch-schlafkugel vor sich her und rollte sie so schnell wie möglich zu Egon Platzhirschs Lichtung. Schon von weitem rief er den Hirschen die frohe Botschaft entgegen. Sie sollten ihn ruhig hören. Hirsche und Rehe soll-ten wissen, dass er, Waschbär der Schlafkugelfabrikant, wie das Wiesel ihn genannt hatte, seine Termine einhielt und seine Schulden beglich. Wild gestikulierend und frohlockend, hielt er Kurs auf die Mitte der Hirschlichtung, auf der sich Egon Platzhirsch inzwischen in Position gebracht hatte – da trat plötzlich Hironimos auf die Lichtung. Verwun-dert schüttelte Egon Platzhirsch sein Haupt mit dem beeindruckenden Geweih. „Was willst du?", ranzte er das Wiesel an. Wie alle anderen Tiere mochte er dieses verschlagene Raubtier nicht. Ungeduldig stampfte Egon mit den Hufen auf und rief: „Mach, dass du fort kommst. Mit dir haben wir hier nichts zu schaffen."

Ein höhnisches Grinsen spielte um Hironimos' Mund. „Das tut mir ent-setzlich leid, verehrter Herr Hirsch", säuselte er, „aber ich fürchte, dass wir doch etwas miteinander zu schaffen haben." Aus wilden Augen starrte der Platzhirsch ihn an. Doch Hironimos achtete nicht auf ihn, sondern schielte zu Waschbär. „Nicht wahr, Waschbär?" Alle Rehe und Hirsche auf der Lichtung hielten den Atem an. Das war ungeheuerlich. Was wollte das Wiesel ihrem lieben Waschbär unterstellen?

„Schwachsinn", röhrte Egon Platzhirsch. „Lass Waschbär in Ruhe. Mit ihm hast du ebenfalls nichts zu tun." Wieder grinste das Wiesel. „Da wären wir beim Thema: Ich habe einen Vertrag mit Waschbär, das stimmt doch?" Steif vor Angst im Angesichte all der Rehe und Hirsche, die ihn entsetzt und fragend, ungläubig und Furchtbares ahnend anschau-ten, stand Waschbär da. Am liebsten wäre er im Boden ver-sunken. Langsam breitete sich

ungläubige Erkenntnis und dann Enttäuschung auf den Gesichtern der Umstehenden aus. „Was ist denn mit dir?", säuselte Hironimos. „Nun erzähle doch den lieben Mittieren hier, was du mir schuldest." Die Stimme vom Wiesel ließ Waschbär völlig zusammensacken. Ihm war übel. Vor Angst bibbernd, nickte er. „Er hat Recht, ich habe mit Hironimos Wiesel einen Vertrag gemacht." Empört wandten ihm die Hirsche ihre Hinterseiten zu. Nur ein paar Rehe blickten ihn noch fragend an.

„Aber warum?", meldete sich die Frau von Egon Platzhirsch zu Wort. Die Hirschkuh trat nah an ihn heran. „Waschbär, warum hast du das getan? Und was will das Wiesel jetzt von dir?"

„Ich will die Kugel!" Gebieterisch verschränkte Hironimos Wiesel seine Vorderläufe vor der Brust.

„Etwa MEINE Schlafkugel?", empörte sich Egon Platzhirsch. „Warum sollte ich sie dir geben? Das ist lächerlich."

„Frag Waschbär! So lautet der Vertrag: Er schuldet mir die größte und schönste Schlafkugel seiner Produktion."

Ruckartig drehte sich Egon Platzhirsch zu Waschbär um. „Ist das wahr?", donnerte er. „Weißt du nicht mehr, was ich dir angedroht habe, sollte ich nicht zufrieden sein? Wie kannst du es wagen?"

Waschbär schüttelte es vor Angst. Er versuchte sich zu verteidigen: „Aber das hieß doch nicht, dass du seine Schlafkugel bekommst", stotterte er zu Hironimos gewandt. „Ich baue dir später eine eigene Schlafkugel, dachte ich …"

„Dachte ich, dachte ich …", äffte das Wiesel ihn nach. „Tja, du hättest besser auf den Wortlaut achten müssen, Waschbär. Ich sprach nie über eine eigene Kugel, sondern über ‚die schönste und größte Schlafkugel'. Und diese hier, die Schlafkugel für Platzhirsch Egon, dürfte die weitaus größte Kugel deines gesamten armseligen Waschbärlebens sein, richtig?"

Schwach nickte Waschbär.

„Außerdem habe ich dich beobachtet und gesehen, wie viel Sorgfalt du für sie verwendet hast. Ich stelle also fest, dass die für den Hirsch vorgesehene Kugel perfekt für mich ist. Ich will sie! Sonst …"

„Sonst passiert was?", fragte entsetzt Egons Frau. „Was passiert, wenn du die Kugel nicht bekommst?"

„Waschbär und ich haben einen Vertrag – und Verträge muss man einhalten", zischte das Wiesel leise und drohend. „Und Waschbär weiß das auch", wandte sich Wiesel mit drohendem Blick an Waschbär. Dem wurde heiß und kalt. Nicht auszudenken, was Hironimos mit ihm anstellen würde, Wiesel sind nicht gerade bekannt dafür, dass sie zartfühlende Wesen sind. Und nicht nur das: Würde Wiesel Willibord Wildschwein und die Dumme Gans abziehen, würde sein Schlafkugel-Imperium zusammenbrechen, er würde nicht mehr liefern können, und die Tiere des gesamten Waldes, bei denen er noch in der Schuld stand, wären bitterböse. Waschbär schluckte. Dann nickte er: „Jajaja, Verträge muss man halten", stammelte er in die Runde.

Es herrschte betretene Stille, unterbrochen nur von Platzhirsch Egons wütendem Schnauben. „Duuu, duuu …", setzte er an. Die Hirschkuh mahnte ihn; sie kannte sein Temperament. Egon machte dennoch seinem Ärger Luft und beschimpfte Waschbär „Du naives, dummes Pelztier! Du unverantwortliches, beschränktes Bärenvieh. Was hast du dir dabei gedacht?" Waschbär war rückwärts gegen einen Baumstamm gesunken und rutschte ihn langsam hinunter. Dass er sich dabei ganze Fellbündel ausriss, bemerkte er nicht einmal. Er war verloren.

Der Plan des Wiesels

Es war schrecklich. Gab es keine andere Lösung? Ein wimmernder Laut entrang sich Waschbärs Schnauze. Kleine salzige Tränen rannen sein Fell hinab. Er gab sich einen Ruck und kroch zum Wiesel hin. „Bitte …"

„Was?"

„Bitte, können wir das nicht anders lösen?"

„Wie willst du aus dem Schlamassel wieder herauskommen, Waschbär? Du hast einen Vertrag mit mir geschlossen. Nun löse ihn ein."

„Aber wie kann ich denn … wenn ich, aber …"

„Hör auf zu stottern." Hironimos Wiesel sonnte
sich in seiner Macht. Die Tränen von Waschbär
rührten ihn überhaupt nicht. Für ihn waren sie
lediglich ein sicheres Zeichen, dass er Waschbär
völlig in der Hand hatte. Denn sein Plan ging ja
noch weiter. Mit dieser kleinen Szene hier bei den
Hirschen ging es ihm nicht um die Schlafkugel,
nein, das Wiesel hatte größere Pläne.

Nun schaltete sich die Hirschkuh ein. Obwohl sie entsetzt über Waschbärs Verhalten war, tat er ihr leid. Sie ahnte,
dass nicht er allein für diese Misere verantwortlich war, sondern dass
der eigentliche Übeltäter das Wiesel war. Was es noch alles im Hinter-
sinn hatte, konnte auch die Hirschkuh nicht erraten. Aber sie wollte
zumindest helfen. „Gibt es denn nichts anderes, was dir Waschbär
anstelle dieser Kugel geben könnte?" fragte sie daher Hironimos Wiesel. Der schnalzte mit der Zunge. „Du willst handeln? Nur zu. Was wäre
denn Waschbär zu geben bereit?" Oh, dachte Hironimos bei sich, das
läuft doch ganz famos in die Richtung, die ich mir vorgestellt hatte.

Während er feixte, beugte die Hirschkuh sich zu Waschbär hinab. „Als
erstes", flüsterte sie ihm zu, „setz dich gerade hin und trockne deine
Tränen. Es ist nicht gut, vor diesem fiesen Wiesel Schwäche zu zeigen."
Ihre Worte klangen ein wenig nach Befehl, aber Waschbär führte ihn
gerne aus. Er schöpfte etwas Hoffnung: Die Hirschkuh stand offenbar
auf seiner Seite und würde ihm helfen. Also schluckte er den nächsten
Schluchzer herunter, wischte sich die Tränen ab und setzte sich aufrecht
hin. „Gut", sprach die Hirschkuh nun etwas lauter. „Waschbär, was
kannst du Wiesel anbieten, damit er diese Schlafkugel meinem Mann
überlässt, dem sie rechtmäßig zusteht?" Die Hirschkuh war geschickt,
dachte sich Waschbär. Indem sie das Wort „rechtmäßig" einfließen ließ,
machte sie allen klar, wer hier Arges im Schilde führte. Hironimos Wiesel
kümmerte das jedoch herzlich wenig. Ihm war egal, was man von ihm
dachte, er pochte auf sein Recht, auf seinen Vorteil, um genau zu sein.

64

„Äpfel!", riss die Stimme des Waschbärs das listige Wiesel aus seiner Selbstverherrlichung. „Was?", fragte Hironimos Wiesel entgeistert. Dieser pelzige Trauerkloß wollte ihn doch nicht wirklich mit Äpfeln abspeisen? Ihn, das gefährliche Raubtier, das Wiesel?

„Ja, ich könnte dich in Äpfeln und Birnen, Pflaumen und Nüssen ausbezahlen", zählte Waschbär geschäftig auf.

„Ehe ich auch nur einen Apfel von dir annehme, trinke ich lieber dein Blut." Hironimos' Stimme steigerte sich über diesen Satz von einem Fauchen in ein schauriges Brüllen. Kein Vertun; jeder auf der Lichtung glaubte ihm sofort, dass er tatsächlich Waschbär etwas antun würde.

„Bleib gerade sitzen. Zeige keine Angst", wisperte da die Hirschkuh schnell – und Waschbär reckte ruckartig seinen zusammengesunkenen Rücken wieder auf. „Also keine Äpfel", sagte er. Missbilligend schüttelte er seinen Kopf. Hironimos sollte wissen, dass er mit ihm nicht so umspringen konnte.

„Ich könnte dir eine noch größere und noch bessere Schlafkugel bauen", sagte er dann. Er sah, wie Egon Platzhirsch missbilligend das gewaltige Geweih schüttelte. Ihm war es nicht recht, wenn jemand eine noch größere, bessere, komfortablere Schlafkugel bekam. Allerdings schien Waschbär in ernster Gefahr zu schweben – „In dem Falle würde ich dem Wiesel meine Schlafkugel abtreten. Er kann sie hier und jetzt haben. Während ich noch etwas länger auf die nächste Kugel warten würde", sprach Egon Platzhirsch großzügig in die Runde.

Ein verächtliches Schnauben antwortete ihm. „Glaubst du wirklich, ich lasse mich auf diesen Handel ein? Damit Waschbär seinen Willen und du die größte Kugel des Waldes bekommst? Für wie dumm hältst du mich?", zischte das Wiesel. Die Tiere verloren offenbar langsam die Angst vor ihm. Das durfte er nicht zulassen. Besonders Waschbär musste in Schrecken und Angst bleiben, damit er seinen Plan durchsetzen konnte. „Nein, Waschbär wird mir die größte und beste Schlafkugel geben oder etwas vergleichbar Wertvolles."

Hironimos sah, wie die Hirschkuh sich wieder zu Waschbär neigte und mit ihm wisperte. Wenn er sich nicht irrte, fiel dabei das Wort

65

„Schuldschein". Das war Musik in seinen Ohren. Tatsächlich hatte er es darauf angelegt, dass Waschbär ihn mit einem großen Schuldschein entschädigte. Nach einem abschließenden Nicken wandte sich die Hirschkuh im Namen von Waschbär an Hironimos Wiesel. „Wäre es für dich annehmbar, wenn Waschbär dir anstelle dieser Kugel einen Schuldschein über eine Riesenkugel ausstellen würde? Du müsstest mit dem Schuldschein nicht zwangsläufig eine Schlafkugel einfordern, sondern du könntest den Schuldschein bei anderen Tieren gegen Futter, Höhlenarbeiten oder Feuerholz eintauschen. Wie ich hörte, haben die Tiere schon längst begonnen, mit Waschbärs Schuldscheinen zu tauschen. Die Tiere, denen das Warten auf die Schlafkugel zu lang wurde, haben ihre Schuldscheine bei anderen gegen Essen oder andere Dinge eingetauscht. Die Schlafkugeln sind sehr begehrt; jeder, der einen Waschbärenschlafkugelschuldschein losbekommen möchte, kann ihn gegen alles Mögliche tauschen. Das Geschäft wäre sehr gut für dich."

Während Waschbär verdutzt die Hirschkuh mit offenem Mund anstarrte – von diesem Tauschhandel mit seinen Schuldscheinen hörte er eben zum ersten Mal –, schaute das Wiesel zu Boden, nur so konnte es das boshafte Grinsen vor den anderen verstecken. Als er seine Gesichtszüge wieder unter Kontrolle hatte, schaute Hironimos langsam auf, ganz so, als würde er aus tiefen Gedanken auftauchen: „Jaaa", schnarrte er, „das könnte ich eventuell akzeptieren." Waschbär putzte nervös sein Gesicht. Das war ein kritischer Moment; würde das Wiesel akzeptieren?

„Wenn ich es mir recht überlege, ist der Vorschlag nicht schlecht. Aber angenommen, ich hätte alles, was ich für den Winter benötige, und wollte auch keine Schlafkugel mehr, was dann?"

66

„Dann könntest du doch im Frühjahr immer noch deinen Schuldschein tauschen", schlug die Hirschkuh vor.

„Das stimmt, aber das ist noch lange hin. Dafür will ich eine Entschädigung."

Wieselzinsen

„Wie bitte?", fragte Waschbär entgeistert.

„Ja; du musst einsehen, dass mir dein Schuldschein im Moment herzlich wenig nutzt. Denn auf eine Schlafkugel müsste ich noch sehr lange warten, und alles andere wie Futter und Feuerholz habe ich zu Genüge. Warum sollte ich also auf diesen Handel eingehen?"

Das stimmte; und das war gar nicht gut. Waschbär überlegte wieder. Er zermalmte sich sein Hirn, wie er das Wiesel jetzt und auf der Stelle zufriedenstellen könnte, damit er zunächst Ruhe vor ihm hätte. Nur in Ruhe könnte er die übrigen Schlafkugeln, die er den anderen Tieren noch schuldete, fertigstellen. „Was meinst du mit einer Entschädigung?", fragte in diesem Moment seine Fürsprecherin, die Hirschkuh.

Die anderen Hirsche und Hirschkühe hielten den Atem an. Sie zeigten, dass sie hinter Waschbär standen, was Waschbär beruhigte. Selbst Egon Platzhirsch war ruhig. Es war selten, dass er seiner Frau das Reden überließ, aber jetzt hielt er sich zurück. Er wusste, wie schlau und unerschrocken sie war. Und tatsächlich ließ sie sich vom Wiesel nicht beeindrucken. Kühl und klar stellte sie ihre Frage noch einmal: „Was stellst du dir unter einer Entschädigung vor?"

Hironimos Wiesel kniff die Augen zusammen. Nun kam es darauf an: Würden der Waschbär und vor allem diese – wie er fand – selbstherrliche Hirschkuh seine Forderung schlucken?

Langsam setzte er an: „Machen wir es so: Für jeden Tag, den ich ab jetzt auf meine Schlafkugel warten muss, wird Waschbär ein Stück Obst oder etwas Ähnliches bringen.

„Ich denke, du hast genug zu essen", rief die Hirschkuh empört.

„Schon, aber so ein bisschen Luxus zusätzlich und etwas für harte Zeiten ist nie verkehrt."

„Woher soll ich das nehmen?", fragte dagegen Waschbär. „Ich habe keine Zeit zum Sammeln und Suchen, ich muss doch die Schlafkugeln bauen."

„Dann stelle eben weiterhin Schlafkugelschuldscheine aus. Es sind ja nicht viele: Sieh, deine Schuldscheine sind begehrt und dadurch kostbar. Für einen bekommst du jede Menge Obst, das du mir als Entschädigung für mein Entgegenkommen bringen kannst", erwiderte ihm das Wiesel listig. Gerade als Waschbär aufatmen wollte, setzte Hironimos Wiesel erneut an. Seufzend wandte Waschbär sich dem Wiesel zu. „Ja?"

„Allerdings wirst du, Waschbär, mir für jeden Tag, den ich länger warten muss, ein Stück Futter mehr bringen. Denn je länger ich warte, desto größer muss schließlich meine Entschädigung sein, nicht wahr?"

Die Hirschkuh bäumte sich auf und wollte gerade losschimpfen, da hob das Wiesel seine Pfote und winkte ab. „Das ist mein gutes Recht. Ich kenne dieses System von den Menschen. Sie nennen es Zins. Dagegen wehrt sich bei ihnen ja auch niemand."

Als ob es ihre Gedanken gelesen hätte, sagte das Wiesel da: „Das ist ja alles nicht wild, Waschbär: Nehmen wir beispielsweise einen Apfel. Am ersten Tag bekomme ich einen Apfel, am zweiten zwei Äpfel, am dritten drei. Das sind doch keine großen Beträge für dich, Waschbär. Jetzt, wo dein Schlafkugelgeschäft so gut geht. Den Apfel nennen die Menschen in diesem Fall den Zins; er ist die Wiedergutmachung für mich, weil ich länger warten muss.

Stellt ein Apfel die Wiedergutmachung, den Zins, für einen Tag dar, muss ich ja für zwei Tage warten eine noch größere Wiedergutmachung erhalten, also zwei Äpfel. Und am dritten Tag drei … und immer so weiter. Aber, Waschbär, allzu lange wirst du ja nun wirklich nicht für meine Schlafkugel brauchen, richtig?

Waschbär schüttelte nur noch stumm den Kopf. In seinem Innern fasste er den Entschluss, nicht eher zu ruhen, bis er diese Riesenschlafkugel für das Wiesel fertig hatte. So wahr ihm die Waldgeister beistanden, er würde es nicht so weit kommen lassen, dass Wiesel seine Zinsen bei ihm eintreiben konnte. Nein, er würde sich sputen.

Er nickte daher kurz dem Wiesel zu und presste heraus „So machen wir es", flüsterte der Hirschkuh noch ein „Danke" zu und lief los. Er lief, wie er noch nie gerannt war. Bloß weg von dieser Lichtung, bloß raus aus dem Blickfeld dieser eiskalten Wieselaugen. Bloß heim und an die Arbeit.

10. KAPITEL:
MISSGESCHICKE

Während Waschbär sein furchtbares Abenteuer erlebte, lief abseits der dunklen Ecken des Waldes das Leben in ruhigen Bahnen weiter. Dort ahnte man nichts von Waschbärs Schwierigkeiten und von Hironimos' fiesen Plänen. Im Gegenteil, man war überrascht, dass Waschbär schneller als erwartet die Schlafkugeln liefern konnte. Vertrauen keimte wieder auf, und immer mehr Tiere kamen aus der ganzen Umgebung, teilweise über weite Strecken hinweg in den Wald, um bei Waschbär eine Schlafkugel zu bestellen.

Als Lillie hörte, dass Waschbär wieder liefern konnte, freute sie sich für ihn. Sie überlegte mehrmals, ob sie ihn besuchen sollte, aber jedes Mal klangen ihr seine Worte in ihren Ohren: „Lass mich in Ruhe." Sie hatte schwer daran zu schlucken. Jedes Mal verschob sie ihren Besuch und sagte sich: „Wenn er anfängt, mich zu vermissen, wird er von sich aus kommen."

Sie konnte nicht wissen, wie sehr Waschbär sie vermisste. Wie gerne hätte er ihr alles über seine Probleme und über den Handel mit Wiesel erzählt. Wie gerne hätte er sie einfach um sich gehabt. Lillie, die immer Rat wusste und immer ein liebes Wort übrig hatte. Waschbär vermisste sie furchtbar und hatte Angst, dass er ihre Freundschaft zerstört hatte und sie nie wieder Freunde werden würden. Er traute sich nicht, zu ihr zu gehen. Denn dann hätte er alles erzählen müssen. Aber er nahm sich fest vor, wenn er alle Kugeln geliefert hätte und mit dem Wiesel auch alles abgegolten wäre, zu Lillie zu gehen. Er würde, wenn nötig, auf dem Bauch zu ihr kriechen, wenn sie ihn nur anhörte.

 ## Seltsame Vorfälle

Aber Waschbär musste seine Gedanken beisammenhalten. Täglich bekam er neue Schlafkugelaufträge. Mit Hilfe der Dummen Gans und Willibord Wildschwein konnte er die Aufträge rasch bearbeiten, aber mehr und mehr gerieten sie in Verzug, ohne dass Waschbär es tatsächlich wahrnahm. Nun halfen seine beiden Gehilfen auch nicht dabei, diesen Verzug zu verhindern. Im Gegenteil: Seltsame Vorfälle häuften sich. Mal waren die Weidenzweige alle über Nacht verbogen, ein anderes Mal war das Heu völlig durchnässt. Dann wiederum hatte das Moos zu viel Frost bekommen und musste ausgewechselt werden. Von den Blicken, die Willibord Wildschwein immer wieder mit der Dummen Gans wechselte, bekam Waschbär nichts mit. Und auch nicht, wie ab und an ein wichtiges Werkzeug aus seinem Fundus hinter dem Rücken der Gans oder des Wildschweins verschwand. Übermütig und ahnungslos war er fest davon überzeugt, dass er alles schaffen würde. Ja, er würde die Kugeln liefern können und auch die Riesenkugel pünktlich vor Beginn des Winters fertigstellen, so dass er sich aus Wiesels Schuld befreien konnte.

Also schuftete Waschbär wie ein Wahnsinniger. Wann immer er mal die Werkzeuge beiseite legte, weil er völlig außer Puste war und alle seine Knochen und Muskeln ihn schmerzten, nutzte er die Gelegenheit und lief los, um Wiesels „Zinsen" zu besorgen. Jeden Abend schickte er die Dumme Gans oder Willibord mit den Zinsen zum Wiesel. Um nichts im gesamten Wald wollte er dem Wiesel etwas schuldig bleiben. Nein, er bezahlte Tag für Tag seine Zinsen.

Aber was ihm am Anfang so einfach und so wenig vorgekommen war, entwickelte sich zu einem großen Problem. Immer mehr Nüsse, Äpfel, Birnen und anderes musste er besorgen, denn die Zinsen stiegen Tag für Tag. Am ersten Tag hatte Waschbär als Zins – wie Hironimos Wiesel es vorgeschlagen hatte – einen Apfel geholt. Am zweiten Tag besorgte er zwei Äpfel. Aber am dritten Tag schon schaute ihn Großmutter Dachs, bei der Waschbär die Äpfel in den ersten zwei Tagen besorgt hatte, verdutzt an. „Mein lieber Waschbär", murmelte sie, „du bist doch nicht etwa krank? So viel hast du noch nie gegessen. Das muss die viele Arbeit sein. Waschbär, du musst damit aufhören. Du arbeitest dich ja noch zu Tode."

Waschbär wurde es unbehaglich zumute. So gern er Großmutter Dachs hatte: Er traute sich nicht, ihr alles zu erzählen. So beschloss Waschbär, in den nächsten Tagen die Futterstücke für die Zinsen bei verschiedenen Tieren zu besorgen, damit niemand etwas merkte. Teilweise musste er weite Wege gehen, was ihn von seiner eigentlichen Arbeit, den Schlafkugeln, stundenlang weghielt. Das war nicht gut. Das merkte er schon in der ersten Woche. Je mehr Zeit ihm durch die Futterbeschaffung verlorenging, desto mehr Zinsen musste er wiederum dem Wiesel geben. Es war ein Teufelskreis.

Waschbär bekam Panik. Er fing an, nachts zu arbeiten. Er schlief kaum noch. Müde und abgekämpft vernachlässigte er seine eigene Ernährung. Innerhalb von zwei Wochen war aus unserem kugeligen pelzigen Freund ein recht dünner Waschbär geworden. Währenddessen stapelten sich in der Wieselhöhle die Leckerbissen. Äpfel, Birnen, Nüsse, Getreide, Maiskolben, was das hungrige Herz begehrte, war dort bergeweise vorhanden.

Nicht ahnend, dass sich in der Wieselhöhle ihre hart erarbeiteten Vorräte stapelten, tauschten die Tiere fröhlich weiter Schuldscheine. Doch nicht nur das: Im Vertrauen auf Waschbärs Fähigkeiten im Schlafkugelbau und der Beobachtung, dass er nun doch fast pünktlich liefern konnte, tauschten sie munter untereinander die Waschbärschlafkugelschuldscheine. Wenn es einem der Tiere an Obst oder Getreide mangelte, nahm es einfach seinen Schlafkugelschuldschein und zog damit los, um zu tauschen. Das Geschäft mit den Schuldscheinen lief glänzend. Aber Ihr ahnt es – das konnte nicht lange gut gehen.

11. KAPITEL: DER VERDACHT

Als Eule von den Tauschgeschäften der Tiere hörte, dachte sie bei sich, dass dieses System gar nicht unähnlich dem war, was die Menschen betrieben. Auch sie tauschten mit Schuldscheinen, auf denen ein besonderer Wert genannt war. Alle kannten diesen Wert und akzeptierten ihn als Tauschware. Sie nahmen diese Scheine gerne an, um zu tauschen. Nur waren es bei den Menschen keine waschbärigen Schlafkugelschuldscheine, sondern sie nannten ihre besonderen Schuldscheine „Geld". Nun, das war ein sehr kurzes Wort. Da gefiel der Eule der Name „Schlafkugelschuldschein" doch viel besser. Und solange das Tauschen mit ihnen funktionierte, war alles gut. Eule lehnte sich in ihrem Ohrensessel zurück und wackelte mit den Krallen. Nur – ein kleiner gemeiner Gedanke hatte sich in ihrem Geist festgebissen. Eule kratzte sich die Stirn – vielleicht sollte sie doch einmal bei Waschbär vorbeigehen und nachschauen, ob bei ihm wirklich alles so gut lief, wie es aussah? Eule konnte sich nicht helfen; sie hatte ein seltsames Gefühl bei der Sache.

Dieses Gefühl wurde bestätigt, als am selben Abend Lillie bei Eule vorbeischaute. Das Hasenmädchen machte ein bekümmertes Gesicht. Ihre Hasenlöffel hatten seit dem Sturm nicht mehr so tief gehangen wie an diesem Abend, stellte Eule fest. Sie lotste das Hasenmädchen zu sich herein und forderte es auf, zu erzählen, was ihm solchen Kummer bereitete. So umsorgt von dem sonst so ruppigen Eulenwesen brach es aus Lillie hervor. Sie erzählte, wie Waschbär sie weggeschickt hatte und dass ihr die plötzliche Lieferfähigkeit von Waschbär merkwürdig vorkam. Außerdem hatte man aus den Reihen der Hirsche so merkwürdige Gerüchte gehört.

Die Höhle

Nein, Lillie konnte die anderen Tiere nicht verstehen, die mehr und mehr Schlafkugeln bestellten und fröhlich mit den Schlafkugelschuldscheinen

73

tauschten. Als dieser Begriff fiel, runzelte Eule die gefiederte Stirn. Gerade hatte sie ihr Eulengewissen beruhigt und sich selbst überredet, dass dieser Handel mit Waschbärs Schuldscheinen etwas Gutes sei – und jetzt bestätigte Lillie das ungute Gefühl, das Eule beschlichen hatte.

Zu guter Letzt, so erzählte die Häsin, hatte sie an diesem Tag einen besorgniserregenden Fund gemacht: Während sie am Ententeich nach Binsen für ein neues Körbchen suchte, waren ihr an einer abgelegenen Stelle Enten- oder Gänsespuren aufgefallen, die vom Wasser weg zu einem Erdloch führten. Das war ungewöhnlich, denn normalerweise watschelten Enten oder Gänse entweder ins Wasser oder wieder hinaus, direkt auf einen Weg, auf eine Wiese oder in den Wald. Noch niemals hatte sie von Enten oder Gänsen gehört, die in eine Höhle marschierten. Nur ein lebensmüdes Federvieh würde in Erdbauten watscheln, waren sie doch die Unterschlupfe von Füchsen und anderen Beißern.

Neugierig war Lillie daher in die Höhle hineingekrochen; vielleicht war ja jemand in Not geraten. Aber statt einer Ente oder Gans fand sie dort kreuz und quer Werkzeuge, wie sie sie von Waschbärs Schlafkugelproduktion kannte. Das war doch eigenartig. Ob Eule das nicht auch fand? Wo war das Werkzeug hergekommen? Wer hatte es dort so nachlässig hingeschmissen? Wer warf überhaupt gutes Werkzeug in eine Höhle?

Eule saß senkrecht in ihrem Sessel: Keiner der Waldbewohner würde in diesen schwierigen Zeiten irgendetwas wegwerfen. Schon gar nicht, wenn es offenbar unversehrt war. Beide verfielen in tiefes Grübeln. Lillie schwebte die Lösung griffbereit im Kopf herum. Sie musste sie nur irgendwie packen. Die Erklärung, da war sie sich sicher, war einfach. Wenn sie doch nur darauf käme! Und plötzlich wusste sie es: Sie packte Eule an der Schwinge: Eule quietschte vor Schreck, blickte strafend Lillie an und sah, dass das Hasenmädchen ganz bleich um die Nase geworden war.

„Was ist los?", konnte Eule gerade noch hervorbringen, da war Lillie auch schon aufgesprungen und zog Eule hinter sich her aus der Baumhöhle heraus. Sie lief so schnell, dass Eule es nicht schaffte, auf die Füße zu kommen. Die Hasendame zog sie einfach mit ungeheurer Kraft weiter. Eule hopste auf ihrem Eulenhintern den Baumstamm ihrer alten Eiche entlang, dotz – dotz – dotz, dann auf einen niedrigeren Zweig – plopp – und schließlich auf den Waldboden – plumps. Nicht einmal da blieb Lillie stehen, sondern eilte gleich weiter. „Nun komm schon", rief sie Eule zu, die, nachdem Lillie endlich ihre Schwinge losgelassen hatte, sich den malträtierten Eulenhintern rieb. Als sie sah, dass Lillie schon den Rand der Lichtung erreicht hatte, hastete sie schnell hinterher.

„Würdest du – pffffh – mir – pffffh – bitte endlich – pffffh – sagen, was pffffh los ist?", keuchte sie hinterher. Doch Lillie gab keine Antwort. So schnell es eben ging, bahnte sie sich ihren Weg durch das Gebüsch, um einen vom Sturm umgestürzten Baumstamm, durch Pfützen und um eine Wegbiegung – und blieb endlich stehen. Eule kam hinterher gehechtet und musste erst einmal verschnaufen. Selbst für einen Tadel hatte sie keine Luft. Ihre Lungen schmerzten. Sie schaffte es nur noch, Lillie einen zornigen Blick zuzuwerfen.

„Oh, ja, entschuldige", murmelte das Hasenmädchen, als sie die zerzauste Eule neben sich ansah. „Ich wollte nicht … mir kam auf einmal … es ist so offensichtlich."

„Was ist offensichtlich?", grunzte Eule. „Dass du verrückt geworden bist? Ein ehrwürdiges Eulenwesen so zu behandeln." Eule war außer sich. Wütend ordnete sie ihre Federn und meckerte dabei die ganze Zeit vor sich hin. Da packte Lillie sie bei den Schultern.

„Hör zu", raunte sie. Eule maulte: Das war ja nun wirklich die Höhe. Erst sie, die Eule, hinter sich herschleifen, als wäre sie ein nasser Sack, und dann auch noch Befehle erteilen. Bei allen tapferen Waldnymphen, aber das ging selbst für eine Lillie zu weit.

„Eule, jetzt sei still und hör mir zu", zischte Lillie noch einmal. Sie wusste: Das war nicht der Moment für Eitelkeiten. Denn ihr war ein furchtbarer Verdacht gekommen. Als Eule in das verstörte Gesicht von Lillie sah, schwieg sie. Es musste etwas Ernstes sein, was sie beschäftigte.

„Sprich", sagte das Federvieh daher.

„Ich sagte dir doch, dass ich Werkzeug gefunden habe. Werkzeug, wie es Waschbär zum Schlafkugelbauen braucht."

„Jaaa." Eule dehnte das Ja, denn sie merkte, worauf Lillie hinaus wollte.

„Nun, ich weiß niemanden im Wald außer Waschbär, der Schlafkugeln herstellt, daher müsste es sein Werkzeug sein." „Das ist richtig."

„Warum", und das betonte Lillie sehr, „warum sollte er es aber in diese abgelegene Höhle legen? Zumal Waschbär Angst vor Höhlen hat. Er hat es also ganz sicher nicht dort hingelegt. Jemand anderes war es. Und wir wissen auch, wer!"

„Tun wir das?", Eule war verdutzt. „Ja, das tun wir", sagte Lillie mit fester Stimme. „Ah", kam es von Eule. „Eule!" Der Schrei war zwar leise, troff aber vor Verzweiflung. Dennoch – Eule kam nicht mehr mit. Was, oder besser wen meinte Lillie bloß?

„Eule, ich habe dir doch von den Spuren erzählt, die zur Höhle führten. Sie stammen entweder von einer Ente oder einer Gans. Wenn ich es recht bedenke, waren sie zu groß, um von einer Ente zu stammen. Es muss eine Gans gewesen sein." Das leuchtete Eule ein.

„Sag, Eule, wie viele Gänse leben in diesem Wald?" Eule überlegte kurz. „Ich weiß nur von der Dummen Gans, diese unmögliche Bekannte vom Wiesel." Eule sprach nicht weiter; sie hatte Lillies Gedanken erkannt. Beiden war klar, dass es nur die Dumme Gans gewesen sein konnte. Nur sie konnte das Werkzeug in die Höhle gelegt haben. Außerdem waren sich die beiden Detektivinnen sicher, dass Waschbär das Werkzeug nicht freiwillig der Dummen Gans gegeben hatte. Es konnte nur so sein, dass die Dumme Gans sich die abgelegene Höhle nur zu einem Zweck ausgesucht hatte: als Versteck. Die Dumme Gans musste also das Werkzeug geklaut und dann versteckt haben. Die Erkenntnis erschreckte unsere beiden Ermittlerinnen zutiefst, denn das war kriminell. Aber etwas anderes beunruhigte sie viel mehr: Das Warum. Warum tat die Dumme Gans das?

Detektivarbeit

Schon wollte Eule vor lauter Empörung lospoltern. Lillie gab ihr im letzten Moment einen Klaps und deutete auf die freie Fläche hinter dem Busch, in dem die beiden saßen. Da erkannte Eule, dass das Hasenmädchen sie zu der Lichtung gebracht hatte, auf der Waschbär seine Schlafkugeln baute. Deswegen flüsterte sie auch die ganze Zeit. Abgeschirmt von neugierigen Blicken, hatte er sein inzwischen stark gewachsenes Unternehmen hier angesiedelt. Vorsichtig und lautlos reckten beide Damen ihre Köpfe und lugten durch das Geäst hindurch. Was sie dort sahen, bestätigte ihre Befürchtungen.

Auf der Lichtung stand die Dumme Gans und flüsterte mit einem Busch. So sah es zumindest aus. Als Lillie und Eule näher hinschauten, sahen sie, dass der Busch sich bewegte. Tatsächlich – In dem Gehölz saß Hironimos Wiesel und hörte der Dummen Gans aufmerksam zu. Eule stellten sich alle Federn auf, während Lillies Ohren vor Zorn zitterten. Sie hätten sich gleich denken können, dass das Wiesel dahintersteckte, dachten beide gleichzeitig.

Angestrengt lauschten sie, um zu verstehen, worüber die beiden Fieslinge tuschelten. Sie hörten Satzfetzen wie „Werkzeug in Höhle" und „nein, der Dummkopf hat nichts gemerkt". Damit konnten sie nur Waschbär meinen, dachte Lillie grimmig. Als sie entrüstet schnaubte, war es Eule, die diesmal der Hasendame einen Klaps versetzte. „Wirst du wohl ruhig sein, ich will mehr verstehen." Lillie atmete unhörbar aus, stellte ihre Hasenlöffel wieder in Position und lauschte mit. Weitere Worte drangen zu ihnen und ließen sie Böses ahnen. Sicher waren sie sich, als das Wort „Feuer" fiel. Aus dem Gehörten konnten sie sich zusammenreimen, dass das Wiesel es nicht bei verstecktem Werkzeug belassen würde. Das Wiesel würde weitergehen. Offensichtlich beabsichtigte es sogar, das Schlimmste zu tun, was man im Wald machen konnte: Feuer legen.

Das musste unbedingt verhindert werden. Sollte das Wiesel tatsächlich Feuer legen, würde der Wald brennen. Wie im Herbst beim großen Sturm würden die Waldtiere wieder einmal alles verlieren – ihre Heimstatt, ihre Vorräte, alles. Alles, wofür sie so hart gearbeitet hatten. Schlimmer noch: Sie würden, obwohl die Nächte schon bitterkalt und der Schnee nicht mehr weit war, ohne Unterkunft und ohne Baumaterial

dastehen. Das Feuer würde außerdem alles Holz, alles Stroh und einfach alles, was man zum Bauen bräuchte, vernichten. Lillie und Eule wussten: Sie mussten das Wiesel stellen und seinen Plan durchkreuzen. Sie mussten etwas unternehmen!

Auf leisen Pfoten und Krallen zogen sie sich zurück und berieten sich. Sollten sie Waschbär warnen? Eule schüttelte den Kopf. „Nein", flüsterte sie, denn die Dumme Gans könnte sie hören. Weiter weggehen wollten die beiden Detektivinnen aber nicht, denn sie wussten ja nicht, wann Hironimos Wiesel seinen Plan ausführen würde. Nein, sie mussten unbedingt vor Ort bleiben und die Lichtung beobachten.

„Wir warnen Waschbär nicht. Das Wiesel wird ihn beobachten und seinen Plan nicht ausführen, sollte Waschbär sich regen. Lass ihn schlafen."

Sorgenvoll nickte das Hasenmädchen und versank in Gedanken. Sofort schreckte es wieder auf: „Die Tiere!", flüsterte Lillie, „sie sind alle ahnungslos. Wir müssen sie warnen."

„Du hast recht", stieß Eule bekümmert hervor. „Wie machen wir das? Wir können nicht hier bleiben und gleichzeitig die Tiere retten ..."

Eule fing an, im Kreis zu laufen. Dabei, so war sie überzeugt, konnte sie am besten nachdenken. Und Lillie kratzte sich den dunklen Fleck hinter ihrem linken Hasenlöffel. Die Situation war verzwickt. Was sollten sie tun?

Währenddessen lag Waschbär, ahnungslos von Eules und Lillies Ermittlungen, nach einem langen Arbeitstag erschöpft in seiner Schlafkugel. Eingerollt und mit seinem gestreiften Waschbärschwanz über seiner Schnauze versuchte er zu schlafen. Doch er kam nicht wirklich zur Ruhe. Er hatte tagsüber bemerkt, dass Werkzeug fehlte. Nicht nur eines, nein, eine ganze Menge fehlte. Er war sich sicher: Jemand musste es genommen haben. Er hatte überall gesucht, aber nichts gefunden. Wo war es nur hingekommen? Schließlich waren sie auf seiner Arbeitslichtung ja zu dritt und arbeiteten gleichzeitig an den Schlafkugeln. Da brauchten die Dumme Gans, Willibord Wildschwein und er viel Werkzeug. Ohne Werkzeug kämen sie in Verzug. Und das konnte sich Waschbär nicht leisten. Schließlich musste er seine Schlafkugeln pünktlich liefern.

In seiner Not überlegte Waschbär, ob er nicht zu Wiesel gehen sollte. Sicherlich könnte der ihm aushelfen im Tausch mit einem Apfel oder Ähnlichem; schließlich hatte Waschbär auch seine anderen Schulden, die Zinsen, mit Obst bezahlt. Obwohl Waschbär sich wunderte, was das Wiesel mit all dem Obst machte, fragte er nie danach. Er hatte Hironimos inzwischen so viel Obst geliefert, dass dieser eigentlich bis zum nächsten Winter ausgesorgt haben müsste. Vor allem die Zinsen machten Waschbär zu schaffen – jeder Tag Verzögerung beim Schlafkugelbau bedeutete, dass er Wiesel noch mehr Obst als Zinsen zahlen musste. Den ersten Tag einen Apfel, den Tag darauf zwei Äpfel, den dritten Tag drei Äpfel – da kam rasch was zusammen. Und es wurde mit jedem Tag mehr. Wofür Wiesel das ganze Obst wohl brauchte? „Nun", dachte sich unser pelziger Bärenfreund, „Hironimos mag wohl einfach sehr gerne Obst."

Aber so simpel ist es manchmal nicht. Waschbär redete sich gerne seine Welt einfach und unkompliziert. Er hielt an seinem Plan fest, beim Wiesel Hilfe zu holen. Er würde bei Hironimos Werkzeug bestellen, sicherlich kannte das Wiesel jemanden, der es herstellen könnte. Und bezahlen würde er es einfach mit noch mehr Obst, das er natürlich mit einem neuen Schlafkugelschuldschein bei den Tieren besorgen könnte. „Wenn das kein ausgefuchster Plan ist", dachte sich Waschbär, und erst spät fiel er endlich in einen unruhigen, von hässlichen Träumen durchzogenen Schlaf.

12. KAPITEL: ERSCHRECKEN

Wir wollen nicht ausführlich beschreiben, wie früh Waschbär aufstand, um unbemerkt in den Tiefen Wald zu Hironimos Wiesel zu gehen. Wollen nicht die düstere Stimmung des Tiefen Waldes verbreiten, wo Waschbär endlich auf Wiesel traf. Das Zischeln und spöttische Lachen von Wiesel tönt auch ohne Beschreibung in unseren Ohren. Und wir können mitfühlen, wie Waschbär sich hin und her wand, um das Wiesel zu überzeugen, seinem Plan zuzustimmen. Zu seiner Erleichterung stimmte das Wiesel dem Bärenplan sehr schnell zu. Fast zu schnell – aber wie immer meinte Waschbär, darin kein Arg zu entdecken. Er war heilfroh, dass Hironimos Wiesel sofort und mit beiden Pfoten in diesen Handel einschlug.

Er wunderte sich auch nicht, dass das Wiesel auf Vorabbezahlung bestanden hatte: Waschbär sollte ihm sofort zwei Stücke großes Obst – also Äpfel, Birnen oder ähnlich große Früchte – bringen. Erst dann würde Hironimos sich um das Werkzeug bemühen. Nein, selbst in diesem Punkt und trotz aller schlimmen Erfahrungen der letzten Wochen vertraute Waschbär unverständlicherweise dem listigen Raubtier. Erleichtert und voller Tatendrang zog er von dannen. In seinen Gedanken malte er sich schon diesen neuen Schlafkugelschuldschein aus, den er noch am selben Morgen malen würde, Mit ihm würde er bei den anderen Tieren Obst eintauschen, um sofort seine neuen Schulden zu bezahlen. Wie wäre es mit einer Schlafkugel, die in sich zwei Kojen hätte? Waschbär wurde immer verwegener, was die Schlafkugeln betraf. Diese Doppelschlafkugel empfand er als eine sehr gute Idee. Sicherlich wäre sie perfekt für das Ehepaar Kuckuck. Denn Frau Kuckuck war seit jeher zu faul, sich ein eigenes Nest zu bauen. Weswegen sie ja auch ihre Eier in die Nester anderer Vögel legte. Grinsend schüttelte Waschbär ob dieser Dreistigkeit den Kopf. Ihm ging es gut. Er hatte Hoffnung geschöpft und lief nun pfeifend zu seiner Lichtung. Sehr früh am Morgen stand Waschbär auf. Noch bevor die Dumme Gans und Willibord Wildschwein kamen, wollte er einen neuen Schuldschein gemalt haben und mit ihm zu den Tieren geeilt sein. Waschbär wollte nicht, dass seine Helfer sahen, wie sehr ihn die Zinsen vom Wiesel bedrückten. Also malte er schnell einen Schuld-schein über eine wunderbar große, extra weiche Schlafkugel, die man bequem als Doppelbettschlafkugel verwenden konnte, und machte sich auf den Weg zum Tauschen.

Nach Waschbärs Abschied grübelte Hironimos, ob sein schnelles Zustimmen ihn verraten hatte. Aber „pah", dachte er sich, „dieser ahnungslose Bär hat das nicht gemerkt". Leider hatte das Wiesel damit recht und kam der Vollendung seines hinterlistigen Plans wieder ein großes Stück näher. Es rieb sich die Pfoten, lachte höhnisch auf und wieselte los, um für sein Feuer alles zusammenzusuchen.

Es wird ernst

Als Waschbär in großer Eile die Lichtung verließ , weckte er mit seinem hastigen Getrappel zwei hinter einem Gebüsch liegende, schlaftrunke-ne Damen, die erschrocken ihre steifen Glieder streckten und sich erst einmal besinnen mussten, was sie hier taten. Genau: Lillie und Eule waren trotz der Aufregung über ihre Detektivarbeit eingeschlafen. Jetzt schreckten sie in völlig verkeilter Lage auf und blinzelten nervös.

„Hat er was gehört?", flüsterte Lillie.

„Waschbär?"

„Ja."

„Der schläft sicher noch."

„Nein, ich glaube, er hat uns geweckt."

„Waschbär ist so früh unterwegs? Die Sonne ist gerade aufgegangen."

„Das heißt …" Lillie zögerte. Wenn Waschbär so früh aufstand und unterwegs war, dann konnte das nur bedeuten, dass er auf keinen Fall gesehen werden wollte. Was war nur in ihn gefahren? Als sie ihm nach-blickten, sahen sie nur noch, wie Waschbär mit einem Schuldschein wedelnd um die nächste Baumgruppe flitzte.

81

Eule war außer sich. Sie war schlagartig wach. Aufgeregt fing sie an herumzurennen: Wie hatten sie nur einschlafen können! Was hatten sie verpasst? Warum war Waschbär so früh auf den Pfoten? Und wo war das Wiesel? Eule fluchte.

Da warf Lillie sich plötzlich auf sie und zwang Eule still zu sein. „Horch!", raunte sie ihr ins gefiederte Ohr. Richtig: Sie hörten Stimmen, eine sehr schrille und eine sehr dunkle. Auch diese beiden Stimmen schienen zu flüstern, sie versuchten es zumindest. Denn bei einer so schrillen Stimme war es schlichtweg unmöglich, leise zu sprechen. Daher konnten Eule und Lillie auch alles verstehen: Das waren die Dumme Gans und Willibord Wildschwein.

Hironimos Wiesel hatte die Dumme Gans nach Waschbärs Weggang zu sich geholt. Er hatte der Dummen Gans aufgetragen, schon einmal alles für das Feuer vorzubereiten. Er wusste: Wenn Waschbär wieder einmal losziehen würde, um bei den anderen Tieren Obst einzutauschen, würden die Tiere langsam Verdacht schöpfen: Hironimos hatte inzwischen so viel Obst vom Schlafkugelbären bekommen, dass sämtliche Vorräte der Waldgemeinschaft erschöpft sein müssten. Die Lage spitzte sich also zu. Hironimos Wiesel musste nun handeln, bevor die Tiere ihn durchschauten. Die Erfüllung seines Plans stand kurz bevor.

Als die Dumme Gans also am noch jungen Morgen dem Wildschwein den Befehl vom Wiesel mitteilte, Feuerholz zu sammeln, bestätigte sie damit alle Vermutungen von Eule und Lillie, und sie wussten: Heute war der Tag. Heute Abend würde das Wiesel seinen schlimmen Plan umsetzen und Feuer im Wald legen. Die Dumme Gans und Willibord Wildschwein würden alles für ihn herrichten. Hironimos Wiesel würde es nur noch anzünden müssen.

Ein schrecklicher Gedanke! Womit sie allerdings noch nichts anfangen konnten, war die Tatsache, dass Waschbär noch einmal loszog, um Obst zu tauschen. Eule legte ihre Stirn in Falten und überlegte, wo der Nutzen davon für das Wiesel sein könnte. Sie kam nicht darauf. Auch ihre Hasenfreundin war ratlos. Dieses Rätsel musste fürs Erste warten. Jetzt galt es, Wiesel auf frischer Tat zu ertappen, das Feuer zu verhindern und alle Tiere zu beschützen, Waschbär zu retten und, und,

und ... ganz schön viel für zwei so zarte, jedoch mutige Damen. Da kam Lillie die rettende Idee: „Wir holen Biber. Ihn weihen wir ein. Er wird uns helfen."

Das war eine sehr gute Idee. Dankbar klopfte Eule ihre Schwinge auf Lillies Rücken, so dass diese fast vornüber kippte. Im letzten Moment klammerte sie sich an einen tief hängenden Ast der Hecke, hinter der sie sich versteckten. Fast wäre Lilie der Dummen Gans vor die Füße gepurzelt, die schon eifrig trockenes Holz aufklaubte.

 ## Erschrecken

Schnell merkte Waschbär, dass etwas nicht stimmte: Er musste lange suchen, bis er jemanden fand, der ihm Obst geben konnte. Seinen Schuldschein über seine geniale Erfindung der Doppelschlafkugel wollte zwar jeder gerne haben – das war nicht das Problem. Sondern das Problem bestand in den leeren, komplett geplünderten Vorratskammern der Tiere. Die Vorratskammern, die Waschbär selbst im Gegenzug gegen seine Schuldscheine geleert hatte. Die Vorräte, die sich jetzt in der Höhle von Hironimos Wiesel stapelten.

Erst im siebten Anlauf konnte Waschbär einen einzigen schrumpeligen Apfel eintauschen. Er war schockiert: Für seinen Schuldschein über eine wunderbare, geräumige, luxuriöse Doppelschlafkugel erhielt er nach langem Suchen lediglich einen kleinen, verschrumpelten Apfel. Das war nicht gut.

Während Waschbär besorgt nachdachte, was das Wiesel zu diesem faltigen braunen Etwas sagen würde, flitzten die Tiere aufgeregt von einem zum anderen. Sie erzählten einander von Waschbärs fast gescheiterten Versuch, Obst gegen einen seiner Schuldscheine zu tauschen. Erschrecken und Ungläubigkeit breiteten sich aus, hatte bisher doch jeder gedacht, nur seine eigene Vorratskammer wäre leer und dass er jederzeit Nachschub bei den anderen Tieren bekommen könnte. Nun stellte sich heraus: Über die Wochen hatte Waschbär die Vorratskammern sämtlicher Tiere geplündert.

Was er mit all dem Obst wollte, wusste niemand. Das war auch unwichtig. Wichtig und beängstigend, ja schrecklich war, dass keiner mehr Vorräte hatte. Der Winter war noch lange nicht vorbei; die Bäume würden erst im Frühling wieder austreiben und blühen. Früchte würden sie sogar erst im Sommer wieder tragen. Bis dahin hatten sie nichts. Keine Vorräte, keine geheimen Futterlager, gar nichts.

Wie so oft war Mutter Eichhörnchen eine der ersten, die begriffen, dass sie sich alle ins Unglück gestürzt hatten. Naiv und unüberlegt hatte einfach jeder hergegeben, was er hatte. Große Not war ausgebrochen. In Gedanken an ihre kleinen Eichhörnchenkinder, die im heimischen Nest saßen und gefüttert werden wollten, schnappte sie sich ihren nagelneuen Schlafkugelschuldschein und zischte los. Sie wollte sich die Nahrungsreserven, die es noch gab, schnell sichern, bevor alles leer war. Ihr Ziel waren die Feldmäuse am Waldrand. In letzter Minute erhoffte sie, dort noch Futter tauschen zu können. Da die Feldmäuse etwas abseits lebten, hatten sie bestimmt noch Vorräte und würden sie gewiss gerne gegen diesen wunderbaren Schlafkugelschuldschein tauschen.

Als Mutter Eichhörnchen in großen Sprüngen über die Äste des Waldes jagte, sah sie, dass am Waldboden die Siebenschläfermutter ebenfalls zum Waldrand rannte. Sie kam schnell näher. Schon waren sie auf gleicher Höhe, das Siebenschläferweibchen unten, Mutter Eichhörnchen oben im Gespinst der Baumkronen. Sie strengte sich an, hatte aber gegen die Siebenschläferin keine Chance. Die Dame überholte Mutter Eichhörnchen und rollte wie ein Kugelblitz in den nächstgelegenen Bau einer der Feldmausfamilien. Schwer atmend hielt Mutter Eichhörnchen kurz inne, folgte dann aber der Siebenschläferdame in den Bau. Vielleicht würde ja noch etwas für sie da sein. Oder aber die Feldmäuse könnten ihr sagen, wo sie noch etwas Futter tauschen könnte.

Als sie den Bau betrat, sah sie gerade noch das Kopfschütteln der gesamten Feldmausfamilie. Wie die Orgelpfeifen aufgereiht, standen Vater, Mutter und Kinder Feldmaus vor der Siebenschläferfrau, die mit einem Schlafkugelschuldschein wedelte. „Nein", sagte Vater Feldmaus. „Nein, wir haben kein Obst mehr, nur noch Getreide. Und für einen Schlafkugelschuldschein geben wir das nicht her."

Verdutzt hielt die Siebenschläfermutter inne mit dem Wedeln des Schuldscheins. Und auch Mutter Eichhörnchen, die neben sie getreten war, stutzte. Zwei Paar große, dunkle, perlenartige Augen starrten Vater Feldmaus ratlos an.

Der säuberte sein Gesicht mit seiner Pfote, strich die Schnurrhaare glatt und sagte dann: „Hier waren schon etwa ein Dutzend Tiere, die uns für das Getreide Schlafkugelschuldscheine angeboten haben. Wir brauchen keine Schlafkugel. Und schon gar nicht benötigen wir ein Dutzend davon. Nein, für uns sind die Schlafkugelschuldscheine wertlos. Wenn ihr Getreide haben wollt, dann bringt uns Obst zum Tauschen."

Mutter Eichhörnchen ahnte Übles. Hatte sich die Waldgemeinschaft tatsächlich in etwas verrannt? Wie viele Waldbewohner hatten alles daran gesetzt, einen Schlafkugelschuldschein zu bekommen? Bislang hatten Waschbärs Schuldscheine als etwas Wunderbares, höchst Wertvolles gegolten. Aber Vater Feldmaus hatte recht: Wenn jeder so einen Schlafkugelschuldschein besaß, wie viel wert waren sie dann noch? Nichts. Bekommen würden sie nichts mehr für sie, da keiner mehr Vorräte besaß bis auf etwas Getreide, was die Feldmäuse für sich selbst brauchen würden.

Sie nickte mit ihrem Köpfchen. „Komm", sagte sie zum Siebenschläferweibchen. „Vater Feldmaus hat völlig recht: Unsere Schuldscheine sind nichts mehr wert, weil alle einen haben." Nun war es an Vater Feldmaus zu nicken.

„Es tut uns leid", entschuldigte sich Mutter Feldmaus leise. Aber das Eichhörnchen winkte ab. „Ihr habt euch nichts vorzuwerfen. Es waren wir, die es so weit kommen ließen. Nun sind alle Vorräte weg, und wir stehen mit nichts als den Schlafkugelschuldscheinen da." Kopfschüttelnd drehte sich Mutter Eichhörnchen um und verließ den Feldmausbau. Das Siebenschläferweibchen folgte ihr. Das Eichhörnchen schien zu wissen, was zu tun war, dachte sie. Und so machten sie sich auf den Weg zur großen Eiche. An der Eiche, dem Versammlungsplatz unserer Waldtiere, würde Mutter Eichhörnchen der Waldbewohnerschar erklären, wie dumm sie allesamt gewesen waren – und wie wenig Hoffnung nun für sie alle bestand.

13. KAPITEL: GEFAHR

Fernab der großen Eiche hatte Waschbär nach seiner Rückkehr mit seiner dürren Ausbeute einen Plan gemacht: Da er nicht mit nur diesem einen lächerlichen vertrockneten Apfel beim Wiesel erscheinen wollte, würde er mit aller Kraft, Anstrengung und aller Eile die Riesenschlafkugel fertigstellen und sie ebenfalls dem Wiesel mitbringen. So würde er mit einem Schlag alle Schulden und damit auch dieses ätzende Wieseltier los. Wie freute er sich darauf, nicht länger vom Wiesel abhängig zu sein und in Ruhe die übrigen Schlafkugeln für die anderen Tiere fertigzustellen. Seine Schlafkugelfabrik lief großartig. Bald würde er voller Stolz Lillie von seinem Erfolg berichten und ihr eine eigene, speziell hasenfreundliche Schlafkugel als Wiedergutmachung überreichen.

Waschbär ging gleich ans Werk. Er arbeitete ohne Pause, nahm sich keine Zeit zum Essen und nur wenige Schlucke Wasser. Er packte an wie ein Wahnsinniger – und dann, endlich, innerhalb weniger Stunden war die Riesenschlafkugel fertig. Der heraufziehende Abend und die hinter den hohen Tannen des Tiefen Waldes versinkende Sonne sahen einen völlig erschöpften, aber glücklichen Waschbären. Müde saß er vor seinem Werk, der Riesenschlafkugel, und schaukelte zufrieden hin- und her. Bei dieser prächtigen Kugel würde selbst das Wiesel über den verschrumpelten Apfel hinwegschauen. Da war sich Waschbär sicher. Der letzte Sonnenstrahl sah einen Waschbärenhintern in seiner ureigenen Schlafkugel verschwinden, während wenig später der aufgehende Mond bereits die ersten Schnarcher der Waschbärennacht erlauschte. Frieden kehrte auf der Lichtung ein.

 ## Biber zur Rettung

Heimlich hatten die Dumme Gans und Willibord Wildschwein neben der Lichtung im Schutz einer Brombeerhecke einen großen Stapel Brennholz zusammengetragen. Als Waschbärs erstes Schnarchen die Lichtung zum Vibrieren brachte, zogen und trugen, schleiften und wuchteten sie

den gesamten Stapel mitten auf die Lichtung. Ihnen war es egal, dass der Stapel direkt neben Waschbärs Schlafkugel in Flammen aufgehen würde. Sie führten Wiesels Befehl aus. Mitdenken war ihnen fremd.

Mit Schaudern beobachteten Lillie und Eule das Treiben aus ihrem Versteck heraus. Ihnen war klar, dass Waschbär in Gefahr war. Wie gut, dass das Hasenmädchen während des Tages Biber zu Hilfe geholt hatte. Ihr langzahniger Bekannter hatte sich, nachdem im Wald alles wieder in geregelten Bahnen lief und Eules großer Plan funktionierte, einen neuen Biberbau am Flussufer angelegt. Mit seinem Umzug dorthin hatte er sich gleichzeitig aus dem Leben der Waldbewohner etwas zurückgezogen. Er war eher ein Einzelgänger.

Aber als Lillie ihn bat zu helfen, stand Biber sofort parat. Nach einem kurzen Lagebericht von Lillie informierte er die Wasserratte, die es wiederum übernahm, sämtliche Flussbewohner der weiteren Umgebung zu alarmieren. Während Biber und Lillie zu Eule zurückliefen, verbreitete die Wasserratte die Nachricht von der drohenden Gefahr. In Windeseile rotteten sich sämtliche Biber, Wasserratten und Otter, Frösche, Enten und Schwäne zusammen, um zu helfen.

Als Lillie mit Biber zu Eule zurückkehrte, war es höchste Zeit: Obwohl Waschbärs gemütliches Schnarchen die Lichtung in Sicherheit wiegte und die Blätter der Bäume beruhigend vor sich hin raschelten, braute sich das Unheil zusammen. Inzwischen war der Brennholzstoß zu beträchtlicher Höhe herangewachsen. Kaum schaffte es Willibord Wildschein mehr, die Äste obendrauf zu legen.

Es war ein gewaltiger, furchteinflößender Berg. Einmal in Brand gesteckt, würde allein die abstrahlende Hitze alles in der näheren Umgebung verglühen, ganz abgesehen von den Flammen, die aus diesem Berg herausschlagen würden. Eule meinte, die Gefahr greifen zu können, so bewusst war sie sich des nahenden Verhängnisses. Jetzt galt es, nicht die Ankunft von Hironimos Wiesel zu verpassen. Ihn mussten sie abfangen und packen, bevor er das Feuer entfachen konnte. Es war eine große Aufgabe mit noch viel größerer Verantwortung, die auf Lillie, Eule und Biber wartete. Angestrengt hielten sie die Augen offen und versuchten, in der Dunkelheit alles zu sehen; ihre Augen brannten, vor Anstrengung taten ihnen die Köpfe weh ...

Feuer

Drinnen im Wald bei der großen Eiche warteten indes die anderen Waldtiere. Aufgeschreckt durch die Geschehnisse des Tages hatten sie sich alle an ihrem Versammlungsort eingefunden, um Eule über ihre erneute Not zu berichten. Doch wer nicht da war, war Eule. Verlassen lag ihre Eulenwohnung auf der Seite in der umgestürzten Eiche. In der Wohnung präsentierte sich das größte Durcheinander. Zerfledderte Zeitungen bedeckten den Boden. Auf ihnen lag Eules Brille unter einem umgestürzten Schemel. Hätten die Tiere genauer hingeschaut, wäre ihnen aufgefallen, dass Eule ihre Baumwohnung offenbar in größter Hast verlassen hatte. Warum sonst lag der Schemel auf der Brille mitten in den Zeitungen? Aber keiner der Versammelten achtete darauf. Sie waren mit ihrer Not beschäftigt. Wieder meckerte, quiekte, zwitscherte und blökte es über die Lichtung. Wie am Tag nach dem Sturm füllte das vielstimmige Geplapper und Geschnatter die Lichtung.

Die Angsthasen heulten in höchsten Tönen. Immer wieder schrien sie „Wir werden alle sterben!" Diejenigen mit mehr Verstand riefen nach Ruhe. Die Krähen krächzten schadenfreudig, dass sie ja einfach wegfliegen könnten. Währenddessen bemühten sich die Hirsche, die Tiere zu beruhigen, den Angsthasen die Mäuler zu stopfen, den Krähen über

die Schnäbel zu fahren. Dennoch – es kam keine Ruhe auf. „Wenn nur Eule da wäre", dachte Mutter Eichhörnchen, die verzweifelt versuchte, ihren Jüngsten die Ohren zuzuhalten. Plötzlich horchte sie auf. Sie hatte etwas gehört. Von jenseits der Lichtung drangen spitze Rufe zu ihr. Jemand schrie, und dieser jemand schrie das meist gefürchtete Wort des Waldes: „Feuer!"

Der Ruf stammte von Eule. Das angespannte Warten war mit dem Auftauchen eines gebückten Schattens schlagartig vorüber: Da war Hironimos Wiesel! Gebückt schlich er eng an den Sträuchern der Lichtung entlang zum Brennholzstoß. In seiner Pfote hielt er bereits eine brennende Fackel, mit der er das Holz entzünden wollte. Immer wieder hielt das Wiesel inne und lauschte. Lauschte, ob Waschbär noch schlief und ob kein Tier seine Ankunft mitbekommen hatte. Dabei glitten seine zu Schlitzen zusammengekniffenen Augen auch immer wieder über das Gebüsch, hinter dem Eule und ihre zwei Begleiter kauerten.

Erschrocken schlug Eule ihre Flügel zur Seite: den rechten nach rechts vor Lillies Bauch, den linken nach links, Biber direkt vor die Zähne. Doch die beiden waren zu gebannt und furchtsam, ob Hironimos Wiesel sie auch wirklich nicht entdeckte. Alle drei hielten die Luft an. Nur nicht bewegen, nicht regen. Kein Laut durfte sie verraten.

Doch die Augen ihres Feindes glitten weiter. Ein letzter Blick nach hinten und Hironimos Wiesel war davon überzeugt, dass niemand ihn beobachtete. Leichfüßig sprang er auf den Stapel Brennholz zu, hob die Fackel, holte zum Wurf aus um die Fackel möglichst tief in den Stoß hineinzuschleudern – da machte Biber einen Riesensatz. Er hatte es nicht mehr ausgehalten und war ein, zwei Schritte zurückgewichen. Sie dienten ihm jetzt als Anlauf: Sobald das Wiesel in Richtung Brennholz losgegangen war, hatte er alle Kraft seiner kurzen, aber trainierten Biberbeine zusammengenommen, sich mit seinem Biberschwanz abgestoßen und war mit vollem Körpereinsatz durch die Hecke gebrochen.

90

Er setzte zum Sprung an, keinen Augenblick zu früh. Denn sofort bemerkte ihn Hironimos Wiesel. Obwohl er sich Biber zuwandte, schaffte er es, die Fackel zu werfen. Wie in Zeitlupe folgten Lillie und Eule mit offenem Mäulchen und Schnabel der Flugbahn des brennenden Geschosses und sahen mit Entsetzen, wie die Fackel auf dem Holzstapel einschlug. Sofort stoben Funken auf. Im gleichen Moment landete Bibers massiger Körper auf Hironimos Wiesel. Sie gingen zu Boden. Wie ein bissiger Teufel kämpfte das Wiesel, um aus Bibers Griff herauszukommen. Es wollte fliehen, aber Bibers starke Vorderläufe hielten Wiesel fest.

Hironimos kratzte und biss, schlug um sich und fletschte die Zähnen. Es half nichts, Biber lag mit seinem ganzen Gewicht quer auf Ihm und drückte das Wiesel fest in den sandigen Waldboden. Hironimos bekam keine Luft mehr.

Die Bewegungen des Wiesels wurden immer wilder, panischer, dann langsamer. Schließlich gab es auf und schnaufte leise fluchend unter Bibers Bauch.

Bibers Heldentat hatte nur Lillie in Schreckstarre beobachtet. Eule dagegen hüpfte aufgelöst wie ein Springball vor dem Holzstoß auf und ab. Flammen züngelten bereits empor in den Nachthimmel. Eule flatterte wild mit ihren Flügeln und schrie aus Leibeskräften „Feuer! Feuer! Es brennt. Feuer!"

 ## Löscharbeiten

Das war der Ruf, den Mutter Eichhörnchen auf der Lichtung trotz des Durcheinanders der Tierversammlung gehört hatte. Entsetzt plumpste sie auf ihren Allerwertesten, sprang auf und kämpfte sich durch die Versammelten hindurch bis zur umgefallenen Eiche. Flink kletterte sie auf die am höchsten emporragende Wurzel und fing an zu piepsen. So ein Eichhörnchen ist klein und seine Stimme für große Tiere wie die Hirsche kaum wahrnehmbar. Niemand hörte das Eichhörnchen. Da packte

es vor Verzweiflung – immerhin brannte es im Wald! – den Schwanz des Dachses, den der schwarzweiß gestreifte Meister aufgeregt vor ihrem Schnäuzchen hin- und herwedelte, und biss herzhaft hinein. Meister Dachs brüllte auf, halb vor Schmerz und halb vor Zorn.

Er drehte sich um; suchte den Schuldigen. Alle anderen Tiere verstummten. Wenn Meister Dachs in Rage kam, war das sehr unvorteilhaft für alle Beteiligten. Starr beobachteten sie seine Suche nach dem Schuldigen. Den Moment der fassungslosen Stille nutzte Mutter Eichhörnchen und piepste, so laut sie nur konnte: „Feuer!" Das hörten die Krähen, die über ihr in den Bäumen saßen. Eine nach der anderen wiederholte „Feuer?" „Feuer?" „Ja", Mutter Eichhörnchen hüpfte auf und ab. „Feuer! Es brennt."

Nun hatte es auch der Dachs verstanden und vergaß seinen schmerzenden Schwanz. „Wo? Was? Warum?", fragte er. Feuer! Das hatte es seit ewigen Zeiten im Wald nicht mehr gegeben. Das war schlimm. Sie mussten helfen, retten, was zu retten war. Da röhrte Egon Platzhirsch auf und trompete: „Alle mir nach. Die Rufe kamen aus der Richtung von Waschbärs Lichtung. Lauft, holt Eimer, Bottiche, alles, worin man Wasser transportieren kann. Schnell! Wir müssen das Feuer löschen." Und alle stoben ohne weitere Erklärungen und Fragen auseinander. Jeder raste zu seinem Heim, bewaffnete sich mit allen nur denkbaren Wassergefäßen und rannte sofort weiter zu Waschbärs Lichtung.

Dort angekommen, sahen sie eine vor Aufregung aufgeplusterte Eule vor dem brennenden Holzstoß auf und ab hüpfen und Biber, wie er auf dem Wiesel lag. Da kam Lillie hinter dem Holzstoß hervor und zog einen verschlafenen, rauchenden Waschbären hinter sich her. Waschbärs Schlafkugel war sofort von den Flammen angeleckt und von der Hitze des Feuers versengt worden. Im Schlaf noch hatte Waschbär heiße Hinterpfoten bekommen und ein stechender Geruch hatte ihn aus seinen Träumen gerissen. Sein Fell war bereits angesengt, als Lillie in seine Schlafkugel eingedrungen war und ihn mit verzweifelter Kraft hinausgezogen hatte. „Nun komm schon, beweg dich, du dummer alter Bär", rief sie ihm verzweifelt zu. Wie im Traum kroch Waschbär hinter seiner Freundin her ins Freie, wo dichter Qualm sie empfing. Hustend zog Lillie ihn weiter.

Waschbär verstand noch immer nicht. Er konnte ihr nur hinterher stolpern, bis sie ihn zum Rand der Lichtung geführt hatte, wo der Rauch nicht so dicht und beißend war. Da erkannte Waschbär, was passierte. Und er sah Biber, der auf Hironimos Wiesel lag, der sich nicht mehr rührte. Nach und nach schälten sich aus dem blauen Dunst der Flammen Gestalten heraus, die in einer Reihe standen und Gefäße weiterreichten. Mit Tränen in den Augen umarmte Lillie ihren Bärenfreund und schnupfte „Waschbär, oh Waschbär" in seinen angesengten Pelz. Dann ließ sie ihn stehen und schloss sich der Tierkette an, um beim Löschen zu helfen.

Meister Dachs hatte diese wunderbare Wasserkette der Tiere gebildet, in der sie nun von der Lichtung bis zum Flussufer standen. Dort am Fluss füllten sie ihre Gefäße und reichten sie einander Tier um Tier weiter, bis zum Holzstoß, wo Lillie mit versengten Schnurrhaaren und Biber mit klackernden Biberzähnen eifrig Eimer über Eimer über den Flammen leerten. Nur allmählich bekamen sie das Feuer in den Griff.

Eule passte derweil auf Hironimos Wiesel auf. Sie hatte seine Vorder- und Hinterläufe gefesselt und einen Ballen Moos von Waschbärs Schlafkugelmanufaktur in Wiesels spitzes Maul gestopft. Er atmete zwar noch, konnte aber nicht reden. Das war gut so, dachte sich Eule. Als der äußere

Rand des Feuers besiegt war, nahm Biber das Hasenmädchen auf seine Schultern und Waschbär, der zu Hilfe geeilt war, reichte ihr das löschende Nass eins ums andere hinauf. So besiegten sie schließlich auch die höchsten Flammen.

Erschöpft glitt Lillie von Bibers Schultern auf den nassen, verbrannten Boden und blieb mit hängenden Hasenlöffeln sitzen. Waschbär fiel neben ihr auf seinen Rücken und rollte sich vor und zurück. Mit immer noch klackernden Zähnen lehnte Biber erschöpft am nächsten Felsen, während Eule endlich erleichtert ausamtete und einfach umfiel. Nach und nach kamen auch die Tiere der Wasserkette auf die Lichtung und ließen sich, wo immer sie gerade gingen oder standen, fallen. Sie waren erledigt. Ihre Nerven hingen durch wie ausgeleierte Gummibänder, und ihre Körper gaben erschöpft nach. Es herrschte Stille, die Stille nach dem Flammensturm.

 ## Zwei weitere Gefangene

Ein Knacken durchbrach wie ein Pfeil die Ruhe. Alle spitzten ihre Ohren und schauten sich hektisch um. „Da", schrie Lillie, „das sind die Dumme Gans und Willibord Wildschwein; sie wollen fliehen." Das ließ Biber sich nicht zweimal sagen. Noch ehe Lillies ausgestreckte Pfote wieder zu Boden sank, war er schon auf halbem Weg und folgte den beiden Übeltätern. Auch Waschbär hatte sich hoch gewuchtet und flitzte mit einer für seine rundliche Figur unglaublichen Geschwindigkeit hinterher. Wie ein Kugelblitz verschwand sein Körper zwischen den Bäumen, und nur noch die abgeschnittenen Rufe von ihm und Biber hielten die Tiere auf der Lichtung auf dem Laufenden:

„Links", rief Biber, „Waschbär, nach links." Dann ein kurzes „Rechts!" „Der Baum – Achtung!" Das war Waschbärs Stimme. Die Waldbewohner hielten den Atem an.

„Ich hab sie", hörte man ihn kurz danach jubeln. Offensichtlich hatte er die Dumme Gans erwischt. Ein dumpfer Schlag – den Tieren auf der Lichtung sträubten sich die Haare – und Waschbär hatte die Dumme Gans gegen einen Baum laufen lassen. Besinnungslos ließ er sie liegen und schloss sich wieder der Verfolgungsjagd an.

94

„Da vorne ist er", drang Bibers triumphierender Schrei aus dem Wald. „Schneller", vernahmen die Tiere die keuchende Stimme von Waschbär.

„Spring", das war das Letzte, was auf die Lichtung zu den übrigen Tieren drang. Eine seltsame Ruhe breitete sich aus. Keine Kampfgeräusche, keine Schläge. Nichts. Niemand wagte zu atmen. Hätte jemand die Zeit gestoppt, hätte wohl jedes einzelne Tier auf der Lichtung in dieser Nacht einen Rekord im Luftanhalten geschafft. Lillie kratzte unentwegt ihren braunen Fleck hinter ihrem Hasenlöffel. Eule rieb sich ihren Schnabel. Was geschah dort im Wald? Sie konnten nichts tun. Sie mussten abwarten.

Eule schüttelte ihr angesengtes und zerzaustes Eulenhaupt. Was eine Nacht! Als sie gerade zu Lillie watscheln wollte, drangen Lebenszeichen aus dem Wald. Es knackte und knirschte. Etwas schlurfte und raschelte, als ob etwas Großes über den Waldboden geschleift wurde. Ab und an hörte man eine keifende Stimme „aua" rufen. Schließlich sahen die auf der Lichtung Versammelten die Gestalten von Waschbär und Biber durch die Bäume näher kommen. Ihre Umrisse hoben sich ab gegen den inzwischen vom Mond erhellten Rauch, der noch immer zwischen den Baumstämmen waberte. Es war ein gespenstisches und unglaubliches Bild. Lillie war stolz auf ihren Waschbär. So hatte sie ihn noch nie erlebt.

Tatsächlich, der Lichtung näherten sich die Umrisse der beiden Helden, und ein jeder zog etwas hinter sich her. Waschbär hielt etwas Langes, Dünnes in seiner Hand, an dem ein schweres Bündel hing, das neben dem Waschbären am Boden schleifte. Es war die Dumme Gans. Die Dumme Gans meckerte und keifte, aber es half nichts. Sie konnte nur versuchen, mit ihren Gänsefüßen zumindest etwas zu watscheln, damit sie nicht vollends über Stock und Stein geschleift wurde.

Biber dagegen zog mit aller Kraft Willibord Wildschwein an seinem Schwanz rückwärts hinter sich her. Gleichzeitig waren Willibords Hufe mit kurzen Stricken zusammengebunden, so dass er nur sehr kleine Schritte machen konnte. Seine Augen waren verbunden und seine Schnauze ebenfalls. Er war wehrlos. Hilflos rückwärts stolpernd, wurde er von dem grimmig dreinschauenden Biber bis auf die Mitte der Lichtung gezogen. Die versammelten Tiere waren sprachlos, fielen

95

dann in lautes Gelächter, Gebrüll und Gejohle ein. Das waren also ihre Feinde. Wie lächerlich sie jetzt aussahen. Und daneben lag Hironimos Wiesel, seine spitze Schnauze tief im Waldboden vergraben. Ja, das listige Grinsen war ihm vergangen. Und sie, die Waldbewohner, hatten diese drei großen Tiere besiegt. Eule wollten schier die Sinne schwinden, so überwältigt war sie.

14. KAPITEL:
EIN GESTÄNDNIS

Nur langsam kehrte Ruhe ein. Die Freude wandelte sich in Neugierde; jeder hatte Fragen. Nach ein paar hilflos gestotterten Sätzen der anderen Tiere straffte Eule ihren Eulenrücken und setzte an. Ihr erstes Räuspern ließ die Tiere aufmerken. Eule hatte etwas zu sagen! Sicherlich würde sie nun alles aufklären. Wie war es eigentlich zum Feuer gekommen? Warum lag Hironimos Wiesel gefesselt am Boden? Und was hatten die Dumme Gans und Willibord angestellt, um dermaßen gejagt zu werden?

„Ahemmm, hmmmm, ahemmm", räusperte sich Eule wieder. Alle schauten sie gebannt an. Würde Eule ihnen alles erklären?

„Wie kamt ihr eigentlich alle so schnell hierher", richtete Eule die erste Frage an die verdutzte Tierversammlung. Damit hatten sie nicht gerechnet. Und über das Feuer hatten sie auch ihre Not vollkommen vergessen. Nur langsam fiel es ihnen wieder ein, warum sie sich alle zu früher Abendstunde an Eules Eiche versammelt hatten.

Noch während sie sich entsannen, sprach Eule erneut. „Nur weil ihr so schnell zur Stelle wart und Hand in Hand gearbeitet habt, konnte das Feuer im letzten Moment gelöscht und unser Wald vor einer erneuten Katastrophe bewahrt werden. Wieder einmal hat sich unsere Gemeinschaft bewiesen. Der große Plan funktionierte auch heute Nacht. Ich bin stolz auf jedes einzelne Tier von euch."

 ## Erklärungen

Eine Rede wie diese waren die Tiere nicht gewohnt. Um ehrlich zu sein: So ein Lob hatten sie noch nie gehört. Betreten schauten die meisten Tiere auf den Boden. Da fasste sich Mutter Eichhörnchen ein Herz und sprach im Namen aller Versammelten: „Danke, Eule, wir wissen dein Lob zu schätzen. Offensichtlich wart aber auch ihr, Biber, Lillie, Wasch-

bär und du, nicht untätig. Sicherlich erzählt ihr uns gleich, was es mit diesem Aufruhr auf sich hat. Jetzt will ich dir schnell erklären, warum wir alle so schnell vor Ort waren."

Und dann schilderte Mutter Eichhörnchen tapfer die große Not, die den Wald bedrohte. Wie die Tiere zu spät bemerkt hatten, dass alle Vorratskammern leer waren. Dass Obst und Getreide, ja, dass sämtliche Vorräte nicht nur in einzelnen Haushalten, sondern bei allen Tieren im Wald auf nichts zusammengeschrumpft waren. Wie sie dem Irrglauben verfallen waren, dass sie für die so begehrten Schlafkugelschuldscheine immer alles bekommen würden, ohne zu merken, dass inzwischen jedes Tier Schlafkugelschuldscheine besaß. Und man auch für den besten und schönsten Schafkugelschuldschein nichts mehr eintauschen konnte, wenn die Vorratskammern geplündert waren. Das Eichhörnchen erzählte von seinem Besuch bei den Feldmäusen und deren Aussage, dass sie für Schlafkugelschuldscheine nichts mehr hergeben würden.

„Die Schlafkugelschuldscheine sind wertlos. Es gibt zu viele von ihnen. Für sie bekommt man nicht einmal mehr ein einziges Getreidekorn." Mit einem tiefen Seufzer schloss Mutter Eichhörnchen ihren Monolog.

Während ihres Vortrags war Waschbär immer mehr zusammengesunken, bis er nur noch eine pelzige Kugel war, die leise vor sich hin zitterte. Lillie, die froh war, ihren Freund wieder zu haben, saß neben ihm und bemerkte sein Zittern. Leise fragte sie ihn: „Was ist los?" „Das war ich", flüsterte Waschbär tränenerstickt. „Das war ich. All das Obst habe ich für das Wiesel getauscht. Er hatte mich in der Hand. Aber ich wusste doch nicht, dass es alles Obst war, das es im Wald gab. Oh je."

Zum ersten Mal gab Waschbär seine Schuld ohne Zurückhalten zu. Er war froh, dass nun alles herauskam. Dass er sich vor den Blicken der anderen verbarg, war kein Verstecken vor der Wahrheit, sondern Ausdruck seiner Scham. Er zwang sich dazu, Lillie ins Gesicht zu blicken. Sicher würde sie ihn dafür schelten, enttäuscht sein, sich abwenden von ihm. Aber was er sah, gab ihm Hoffnung. Aus Lillies Augen quollen Tränen. Das Hasenmädchen schlang seine Vorderläufe um Waschbär und drückte kräftig zu. „Oh Waschbär. Was hast du nur durchmachen müssen", schluchzte es. Waschbär erstarrte erst, aber er merkte, dass Lillie ihn nicht loslassen würde. Sie drückte nur kräftiger zu. Da ließ er sich in ihre Umarmung hineinsinken – und so ein dicker pelziger Waschbärkörper ist bei Entspannung sehr anschmiegsam. Wie gut das tat! Er vergrub seine kurze Bärenschnauze in Lillies samtweichem Fell und ließ sich von ihr wiegen. Er fühlte sich sicher, seit Monaten das erste Mal.

Aufklärung

Ein unterdrücktes Fluchen ließ die beiden wiedervereinten Freunde auseinander fahren. „Ich Riesenrindvieh! Ich völlig verblendeter Federball. Bei allen Waldnymphen und Schreckkobolden, das ist doch die Höhe. Und das mit mir – mit mir! Ich verknorztes altes Stück Eichenwurzel. Wie konnte mir das passieren!" Diese Flüche wurden begleitet von wildem Flügelschlagen, patschenden Eulenfüßen und wohl gezielten Lufttritten. Eule war in Höchstform. Sauer auf das Wiesel, auf die Dumme Gans, auf Willibord Wildschwein und auf sich selbst, übte sie bei den Menschen abgeschaute Kampftritte an der frischen Nachtluft aus. Biber war es, der sie irgendwann festhielt, bevor sie sich selbst wehtun konnte. Dankbar blickte sie in sein langzahniges Gesicht. „Danke", schnaufte sie. Dieses Lufttreten hatte ihr den Atem geraubt.

„Pffffh", kam es von ihr. „Pffffffich …" Nein, das bisschen Atemholen reichte noch nicht. Noch eine kurze Weile – in der sich die Tiere ruhig verhielten und abwarteten. Hironimos, inzwischen wieder bei Bewusstsein, schrie wild in das in seinem Maul feststeckende Moos hinein. Allerdings kamen seine Schreie nur gedämpft aus dem Moos wieder heraus, so dass sich keines der Tiere darum scherte. Nur die Dumme Gans keifte ihn an. Aber auch das überhörten die Waldbewohner nur zu gerne.

Schließlich hatte Eule wieder Atem. Sie schüttelte sich und – untypisch für das weise Vogeltier – fing an, ohne Räuspern, ohne „Ahemmms" und „Hmhmmms", ihre Erkenntnis mitzuteilen. „Das Wiesel hatte einen Plan", fing sie an. Die Tiere spitzten die Ohren. „Es hat Waschbär benutzt." Inzwischen war man Waschbär gegenüber wieder milder gestimmt, so dass diese Aussage eine Flut von bösen und bissigen Bemerkungen gegenüber dem Wiesel auslöste.

„Ruhe!", befahl Eule. Nicht wenige der Tiere setzten sich verdutzt hin. So kannten sie Eule gar nicht, so bestimmt und überlegt hatte sie selten gesprochen. Aber Eule wusste, dass die Tiere unbedingt verstehen mussten, welches perfide Spiel das Wiesel mit ihnen gespielt hatte und dass sie ihm alle in die Falle gelaufen waren. Hätte das Wiesel seinen Plan zu Ende gebracht, wären sie alle verloren gewesen.

Also fuhr sie fort: „Mit Waschbär als Erpressungsopfer hat Wiesel es geschafft, dass nach und nach jeder von euch auch seine letzten Vorräte herausgerückt hat. Keiner von euch hat überlegt, ob es den anderen nicht genauso geht. Jeder hat an den unvergänglichen Wert von Waschbärs Schuldscheinen geglaubt, ohne zu erkennen, dass, wenn jeder diese Schuldscheine hat, sie nichts mehr wert sind. Am Ende hättet ihr lediglich Schlafkugelschuldschein gegen Schlafkugelschuldschein tauschen können. Niemandem ist aufgefallen, dass die Vorräte knapp wurden." Alle nickten.

„Wiesel ließ sich von Waschbär alle Vorräte bringen. Wo er sie gelagert hat, das werden wir" – und dabei warf Eule einen giftigen Seitenblick auf den gefesselten Hironimos – „noch herausfinden und alles wieder gerecht verteilen. Was aber war der Plan vom Wiesel?" Wieder spitzten sie alle Ohren. „Sein Plan war, alle Vorräte des Waldes an sich zu reißen und uns so in Not zu stürzen. Damit hätte er uns alle in der Hand gehabt. Nur er hätte dann Vorräte gehabt. Nur bei ihm hätten wir noch Futter bekommen können. Das heißt, dass er alles von uns hätte verlangen können."

Erschrocken ließ die gesamte Waldgemeinschaft gemeinschaftlich die Schulter fallen. Flügelspitzen, Hasenpfoten, Maulwurfsschaufeln und was es noch alles gab, berührten den Boden. Sie fühlten sich auf einmal alle sehr klein und sehr schwach. Eule nutzte diesen Moment aus: Jetzt hatte sie die Aufmerksamkeit aller Tiere.

„Was das Wiesel wollte, war Macht! Am Ende des Winters wären wir alle seine Sklaven gewesen und hätten tun müssen, was immer es von uns verlangt hätte."

„Wie gut, dass das Wiesel es nicht geschafft hat." Das kam von Waschbär. Er schaute zu Boden; er schämte und schüttelte sich, denn er hatte ja einen Vorgeschmack bekommen, zu was das Wiesel fähig war. Wenn er es ehrlich betrachtete, hatte er bereits unter der Macht des Wiesels gelitten. Lillie legte ihm eine Pfote auf die Schulter.

Die ihnen am nächsten stehenden Tiere hatten die kleine Szene mitbekommen und schüttelten sich automatisch mit Waschbär. Das steckte an. Schlagartig schüttelte sich die gesamte Waldbewohnerschaft ihren Pelz oder ihr Gefieder. Das tat gut. Es lockerte die hängenden Schultern, es entspannte die gefurchte Stirn, es half, wieder zum Lächeln zurückzufinden.

Eule war einen Schritt zurückgetreten und beschaute sich ihren schüttelnden Tierhaufen. Dann nickte sie. Ihr fiel ein Stein vom Herzen: Offenbar hatten die Tiere begriffen. Das war wichtig, denn nur so konnte ein nächster Angriff eines so hinterlistigen Tieres, wie das Wiesel es war, verhindert werden. Wenn die Tiere wussten, worauf sie achten mussten, würde so etwas nie wieder passieren. Aber es galt jetzt noch, ein letztes Problem zu lösen. Ein neuer Plan, das war Eule klar, musste her.

15. KAPITEL: DIE LÖSUNG

Welches Problem müssen wir nun noch lösen? Was sagt ihr, liebe Leser? Das Wiesel soll aus dem Wald verschwinden? Aber natürlich, dazu kommen wir gleich. Noch aber war Eule in Gedanken versunken – sie dachte über die Schlafkugelschuldscheine nach. Sie waren jetzt, da so viele von ihnen existierten, nichts mehr wert. Es musste eine andere Lösung geben. Während die Tiere sich um Waschbär scharten und von ihm alles über die hinterlistigen Ränke von Hironimos Wiesel wissen wollten, hatte sich Eule hingesetzt und grübelte.

„Was willst du tun?", fragte Biber Eule.

„Warte ab." Eule grinste. Sie trat vor und rief die Tiere wieder zur Ruhe. Als sie sicher war, dass alle Blicke auf ihr ruhten, streckte sie ihre beiden Flügel hoch, reckte den Kopf und rief: „Geld!"

War Eule verrückt geworden? Hatte das Feuer mehr als nur ein paar ihrer Federn auf ihrem Kopf verbrannt? Was sollte das? Die Tiere kannten nicht einmal das Wort. „G-E-L-D", was sollte das heißen? Waschbär, eben noch stolzer Bezwinger des bösen Wiesels, wollte schon vor Entsetzen vor diesem neuen, unbekannten Wort zusammensacken – doch da redete Eule weiter.

„Geld heißt unsere Lösung. Und dieses Mal machen wir es richtig. Kein Gerangel mehr um Schlafkugelschuldscheine, die doch nur wertlos werden. Keiner mehr, der uns deswegen gegeneinander ausspielt und sämtliche Vorräte einheimsen kann. Also keine Not mehr für uns." Den letzten Satz trompetete Eule laut hinaus. Selbst die Baumwipfel erzitterten von diesem Fanfarenstoß ihrer neuen Pläne. Skeptisch aber blickte Lillie Eule an. „Bist du dir sicher?", fragte sie leise. Sie wollte Eule nicht vor allen anderen anzweifeln. Aber die vergangenen Tage steckten ihr noch in den Knochen. Alle hatten sie erlebt, wie schlimm etwas enden konnte.

Empört blitzten Eules zusammengekniffenen Augen auf. „Na, aber hör mal", plusterte sie sich auf. „Dass das mit den Schlafkugelschuldscheinen schiefgegangen ist, kannst du nun nicht wirklich mir in die Klauen schieben, oder?" Das stimmte. Schließlich war es das Wiesel gewesen, das die Idee, alle Tiere und vor allem Waschbär schamlos ausgenutzt hatte. Eules Idee an sich war gut gewesen. Sie hatten eine Zeit lang davon profitiert – bis sich das Wiesel eingemischt hatte.

„Du hast recht, Eule, entschuldige bitte", bat Lillie um Verzeihung.

„Umpfffh", kam von Eule. Aber sie schaute wieder versöhnt. „Also, wo war ich …?" „Geld", quietschte Waschbär. Nun wollte er wissen, was Eule mit G-E-L-D meinte. Er sollte es sofort hören.

„Wir führen Geld ein, genauer gesagt Geldscheine", hob Eule wieder an. „Geldscheine sind im Prinzip Schuldscheine." Das letzte Wort löste großes Aufschreien, Ächzen, Schlagen von Pfoten auf Schnauzen aus. Nein: Schuldscheine wollten sie nicht mehr. „Ruhe!!!", donnerte Eule. „Hört mir erst einmal zu." Die Waldbewohner beruhigten sich. „Das Besondere daran ist, dass auf diesen Schuldscheinen nicht das Tauschobjekt gemalt ist, das ihr jemandem schuldet, sondern ein Wert." Große Fragezeichen blickten ihr aus hunderten Augen entgegen.

„Na ja, überlegt: Als Waschbär seine ersten Schlafkugelschuldscheine malte, da habt ihr im Tausch dafür Obst, Getreide, Feuerholz und anderes angeboten. Angenommen, du, Lillie, würdest für eine von Waschbärs Schlafkugeln zwei Äpfel tauschen, dann ist Waschbärs Schlafkugel exakt zwei Äpfel wert. Richtig?" Lillie nickte. Und auch Waschbär nickte. Das klang verständlich. Das begriff er ohne Probleme. Vielleicht war Geld doch nicht so entsetzlich kompliziert?

Da redete Eule schon weiter. „Und wenn du, Mutter Eichhörnchen, Waschbär für dieselbe Schlafkugel einen Sack voller Haselnüsse geben würdest, wäre die Schlafkugel einen Sack Haselnüsse oder zwei Äpfel wert." Aufgeregt putzte

Mutter Eichhörnchen ihren buschigen Schwanz. „Das stimmt", piepste sie. Lillie war aufgestanden. Sie blickte von Eule zum Eichhörnchen. „Eule, das hieße ja, dass zwei Äpfel genauso viel wert sind wie ein Sack Haselnüsse." „Genau!" Eule hüpfte vor Begeisterung auf und ab. „Das ist es, du hast es begriffen. Das ist der Sinn von Geld. Wir führen einen festen Wert ein, an dem sich alles messen kann. Angenommen, wir setzen als Wert zwei Äpfel an, dann könnt ihr mit einem Schuldschein, ab jetzt Geldschein genannt, sowohl eine Schlafkugel als auch einen Sack Haselnüsse tauschen. Die Menschen nennen das Tauschen mit diesen Geldscheinen ‚kaufen'. Ihr tauscht nicht mehr länger, sondern ihr kauft."

Waschbär schaute skeptisch. „Und wenn ich keine Äpfel oder Haselnüsse will, sondern Holz, was dann?", fragte er. „Oder wenn ich keine Äpfel habe, sondern nur den Bau eines wunderbaren Tunnels anbieten kann?" Diese Frage kam selbstverständlich von Bruno Maulwurf. Eule hob die Augenbrauen hoch und schaute die beiden an: „Dann gehst du, Waschbär, zu Biber und fragst ihn, wie viele Äpfel er gern für die von dir gewünschte Menge Holz haben möchte. Natürlich gibst du ihm dann nicht Äpfel, sondern den Geldschein mit der gewünschten Anzahl von Äpfeln darauf. Mit diesem Geldschein kann Biber wiederum einkaufen gehen. Er muss keine Äpfel kaufen, sondern alles, was dem Wert der Äpfel auf seinem Geldschein entspricht."

Waschbär sank zu Boden. Das musste er für sich erst einmal sortieren. Da kamen jetzt keine Schlafkugeln mehr drin vor in dieser Rechnung. Fand er das gut? Während er überlegte, wandte sich Eule an Bruno Maulwurf. „Und du, Bruno, du musst dir überlegen, wie viele Äpfel du für einen deiner Tunnel haben möchtest. Über die Apfelzahl gibt dir dann derjenige, der einen Tunnel haben möchte, einen Geldschein." Hm, das ergab Sinn. Auch Waschbär kam gerade zu dem Schluss, dass ihm dieses „Kaufen" und das „Geld" gefallen könnte.

Aber nun meldete sich Lillie zu Wort: „Was ist der große Unterschied zu den Schuldscheinen? Warum ist G-E-L-D besser?", fragte sie Eule. Wenn sich die Tiere schon auf G-E-L-D einließen, dann wollte sie dafür einen guten Grund wissen.

Eule runzelte ihre Stirn. Das Hasenmädchen hatte wie immer sehr praktisch überlegt. Mit ihrer Frage gab Lillie gleichzeitig ihr, Eule, die Gelegenheit, den wirklichen Vorteil von Geld zu erklären. Das weise Eulentier sammelte sich kurz und setzte dann an: „Ahemm, ahemm, ja, also, hmhmmm ...“ Wie immer klang dieses Räuspern gewichtig. Die Tiere spitzten die Ohren. Das wollten sie auf keinen Fall verpassen. „Geld“, rief Eule, „Geld bedeutet mehr Freiheit als Schuldscheine! Weil ihr mit Geld jederzeit alles ‚kaufen‘ könnt. Und ihr habt keine Schulden. Niemand muss auf eure Gegenleistung warten, sondern ihr bezahlt sofort – mit dem Geld.“ „Bezahlen?“ Das Krächzen der Raben vom großen Feld unterbrach Eule. Geduldig erklärte Eule: „So nennt man das. Wenn ihr beim Einkaufen den Geldschein übergebt, nennt man das bezahlen.“ „Aha“, kam es vom Ast, auf dem die Raben nervös herumtippelten. „Aha.“

„Mit meinen Schuldscheinen konnte man auch jederzeit alles tauschen“, rief Waschbär jetzt. „Das stimmt“, antwortete Eule auch ihm geduldig. „Aber wir haben gesehen, was passiert ist: Durch Wiesels Hinterlistigkeit waren zum Ende so viele Schuldscheine im Umlauf, dass sie nichts mehr wert waren. Wiesel hat alles, was man gegen die Schuldscheine hätte tauschen können, an sich gerissen, in seine Höhle geschafft – und wenn nicht mehr genügend Sachen da sind, die man für die Schuldscheine eintauschen kann, dann sind die Schuldscheine nichts mehr wert“, erklärte Eule weiter. „Unser Freund Waschbär hat sich vom Wiesel verleiten lassen, zu viele Schuldscheine auszustellen – das war das Problem.“

Auch Waschbär hatte begriffen. Sicher, das war das Problem: Hironimos Wiesel hatte alle Vorräte eingeheimst. „Aber das passiert automatisch, wenn es zu viel Geld gibt?“, fragte er Eule und dachte dabei an den fauligen Apfel, den er für seinen tollen Luxusschlafkugelschuldschein bekommen hatte.

„Ein guter Punkt, Waschbär“, nuschelte Eule. „Auch mit Geld ist es so: Wenn es mehr Geld gibt als Sachen, die man damit kaufen kann, dann ist es wertlos.“ Dem konnte Waschbär nur zustimmen, mit Händen und Füßen erzählte er von seinem verzweifelten Versuch, Obst für seinen

letzten Schuldschein zu bekommen, und auch Mutter Eichhörnchen und andere Tiere wussten von solchen Erlebnissen zu berichten.

„Ahem", räusperte sich Eule, „natürlich ist das so: Geld, das ist ja genau das Gleiche wie Waschbärs Schuldscheine – so schön sie auch gemalt sind, es ist nur Papier. Und wenn es nicht genügend Sachen gibt, die man damit kaufen kann, dann ist das nur wertloses Papier", erklärte Eule während sie wichtig mit der Brille wackelte.

„Ahem." Eule holte aus, zum letzten, entscheidenden Punkt ihres Plans. „Alles, was man bei G-E-L-D beachten muss, ist, dass es knapp sein muss, so knapp wie die leckeren Sachen und die anderen Dinge, die man damit kaufen kann. Solange es für jedes Stück Geld auch etwas gibt, das man damit kaufen kann, jedem Geldschein also ein Apfel, Tunnel oder Sack Nüsse gegenübersteht, ist Geld gut, dann kann nichts passieren." Eule wedelte aufgeregt mit ihren Flügeln, die Brille rutschte klackernd von ihrer Nase. „Alles, was wir machen müssen, ist, darauf zu achten, dass nicht zu viel von diesem Geld hergestellt wird. Solange es immer genügend zum Tauschen gibt, ist Geld gut. Erst wenn es mehr Geld als Tauschgüter gibt, wird Geld zum Problem – so wie es uns mit Waschbärs Schuldscheinen ergangen ist."

Die Tiere nickten – das leuchtete ein. „Aber wie sollen wir das machen? Wie kann man aufpassen, dass nicht zu viel Geld da ist?", fragte Lillie hasenohrenwackelnd.

„Eine gute Frage, ahem", sagte Eule. In der Tat, die Hasendame stellte die richtigen Fragen. „Ich denke, wir müssen jemanden bestimmen, der vertrauenswürdig ist und der darauf achtet, dass nicht zu viel Geld da ist", sagte Eule und plusterte sich verlegen auf, weil eigentlich jedem auf der Lichtung klar war, wer das machen könnte. Und es kam wie erwartet: „Eule, warum nicht du?", zirpte, flötete, brummelte und blökte es aus den Reihen der Tiere, und hätte Eule kein Gefieder, dann hätte man sehen können, wie sie etwas rot wurde. Ein wenig verlegen schob sie ihre Brille zurück auf ihren Schnabel.

Die Tiere dachten nach. Es schien gut zu sein, dieses Geld. Da Waschbär immer noch das Gefühl hatte, etwas wiedergutmachen zu müssen, sprang er auf, blickte die Tiere an und rief: „Ich finde G-E-L-D gut! Ich bin dafür, dass wir G-E-L-D einführen in unserem Wald. Wer ist noch dafür?" Verdutzt blickten ihn die Waldbewohner an. Nun übertraf sich Waschbär aber. Erst jagte er Willibord Wildschwein und überwältigte ihn gemeinsam mit Biber, und jetzt setzte er sich lautstark für eine von Eules fortschrittlichen Ideen ein. Doch langsam kämpfte sich durch ihre Überraschung hindurch die Überzeugung an die Oberfläche, dass G-E-L-D tatsächlich etwas Gutes war. Wenn es mehr Freiheit verhieß, wollten sie es ausprobieren.

Als nach und nach alle Tiere dem neuen Plan von Eule zustimmten, nickte schließlich auch Lillie. Der Wald war ihr Zuhause; alles, was die Gemeinschaft beschloss, unterstützte sie. Eule räusperte sich, und obwohl sie ihre Brille nicht trug, glitzerte etwas unter ihren Augen. Lillie wollte es nicht glauben: Eule verdrückte ein paar Eulentränen. Vor lauter Erleichterung sprang Waschbär in die Luft und jubelte. „Hurra! Wir führen Geld ein. Das wird gut. Alles wird gut."

Ja, alles würde gut werden. Eule war glücklich.

16. KAPITEL:
DER SPUK IST VORBEI

In dieser Nacht saßen die Tiere noch lange zusammen. Alle holten die letzten Vorräte heraus, und sie feierten die Zukunft, die nun rosig vor ihnen lag. Die Rotkehlchen sangen zur Freude ein Ständchen. Bruno Maulwurf trommelte auf einer Fischblase einen wilden Rhythmus, und die Feldmäuse tanzten überglücklich einen wilden Reigen zur Musik. Kälte und Hunger waren vergessen. Was zählte, waren ihr Zusammenhalt und Eules neuer großer Plan, das Geld. Über den Tumult vergaßen die Tiere, dass Hironimos Wiesel mit seinen Gehilfen immer noch gefesselt und geknebelt am Rande der Lichtung lag. Mit zornigen Blicken verfolgte er das fröhliche Treiben der Tiere. Er verachtete sie, musste sich aber eingestehen, dass er sie unterschätzt hatte. Sein Plan war gründlich schiefgegangen. Er konnte froh sein, ahnte er, wenn er heil mit allen Gliedmaßen, Ohren und Zähnen aus dem Wald herauskäme.

Erst in den frühen Morgenstunden erinnerte sich Lillie an das Wiesel. Kurz durchzog Mitleid ihr Empfinden, aber sie schüttelte sich kräftig. Mitleid verdiente Hironimos Wiesel nicht. Schließlich hatte er sie alle der größten Not überlassen wollen. Lillie huschte zu Eule und flüsterte mit ihr. Dann wuselte sie herum und holte Biber und Waschbär ebenfalls zu Eule. Zu viert gingen sie dann rüber zum Wiesel und zwangen es aufzustehen. Und Biber rief mit seiner mächtigen Stimme den übrigen Waldbewohnern zu:

„Liebe Waldbewohner! Wir feiern unsere Zukunft. Das haben wir verdient. Dabei sollten wir aber nicht vergessen, was andere verdient haben, wie unser Freund Hironimos Wiesel." Bei diesen Worten zerrte Waschbär den immer noch gefesselten Hironimos mitten auf die Lichtung. „Mit seiner unvergleichlichen Hinterhältigkeit hätte uns das Wiesel fast entzweit", sprach nun Eule weiter. „Wir aber haben es geschafft. Und jetzt wird es Zeit, das letzte Hindernis zu unserem Glück aus dem Wald zu jagen. Und darum sage ich: Nehmt Stöcke, Steine, alles, was ihr in die Finger bekommt, und lasst uns dem Wiesel zeigen, was wir von ihm halten."

Dann passierte alles schnell hintereinander: Lillie löste die Fesseln, das Wiesel riss sich den Knebel aus dem Mund und drehte sich zu einer letzten Schmährede zu den Tieren um. Die hatten inzwischen Wurfgeschosse vom Waldboden aufgesammelt und fingen an zu werfen. Steine, Stöcke, Tannenzapfen, Erdbälle – alles flog dem verdutzten Wiesel um seine spitze Schnauze. Gerade als es sie aufriss, zielte Egon Platzhirsch sorgfältig und warf einen mit Hasenkötteln bestückten Erdball mitten in Wiesels Maul. „Uuuuh", erschallte es vielstimmig.

Das Wiesel spuckte, ächzte und warf einen letzten zornigen Blick auf die Tiere. Dann nahm es schleunigst die Beine in die Hand und flüchtete: Alles, was der Waldboden hergab, prasselte auf ihn nieder. Es war demütigend, so demütigend. Das Wiesel rannte, wich den Stöcken aus, schlug Haken und lief immer weiter, immer schneller. Nur raus aus dem Wald, nur raus, war der einzige Gedanke, den Hironimos Wiesel noch halten konnte, während die Tiere ihm auch seine beiden Gehilfen, die Dumme Gans und Willibord, hinterherjagten.

Bald schon sahen die Tiere von den drei Übeltätern nur noch Staubwolken im Schein der aufgehenden Sonne. Wie ein Spuk verflüchtigte sich der letzte Staub, und das Wiesel war verschwunden. Stille senkte sich auf die Tierschar. Sie hatten ihren Feind, den Bösewicht, vertrieben. Sicher und frei, das waren sie.

Sie gratulierten einander, sie fielen sich in die Arme. Todmüde, aber glücklich nickten sie einander zu und machten sich auf den Weg zu ihren Behausungen. Die Sonne wunderte sich nicht schlecht, als sie auf einen Wald herabschien, der wie leergefegt dalag. Kein einziges Tier war zu sehen. Nicht eine neugierige Schnauze schob sich aus Höhlen, Bauten oder Schlafkugeln. Tiefe Stille herrschte, unterbrochen nur von einzelnen, zufrieden klingenden Schnarchern. Auf der Lichtung von Waschbärs Firma lag Waschbärs Schlafkugel und zitterte im Takt seiner Atemzüge. Waschbär schlief tief und fest und träumte. So wie die anderen Tiere auch.

 ## Der Winter geht seinem guten Ende zu

In den nächsten Tagen setzte Eule ihren Plan vom Geld um. Sie bestimmte Waschbär zu dem Tier, und zwar dem einzigen Tier, das berechtigt war, Geldscheine herzustellen. Durch seine Schlafkugel-schuldscheine hatte er ja Übung. Und Eule sollte die Geldscheinproduktion von Waschbär überwachen und darauf achten, dass nicht zu viele davon ihren Weg in den Wald fanden.

Ein Suchtrupp hatte innerhalb von zwei Tagen das Versteck von Wiesel entdeckt. Die Berge an Obst, Getreide und Nüssen wurden gerecht unter den Tieren aufgeteilt, und jeder bekam eine bestimmte Menge Geld. So ausgestattet, fingen die Tiere das Kaufen an. Ein tolles Gefühl war das. Mit dem Geld konnten sie nun jederzeit bei jedem alles einkaufen, was sie wollten. Auch die Feldtiere und die Tiere am Fluss schlossen sich diesem Geldplan an. Es war ein großer Erfolg.

Obwohl der Winter den Wald noch fest im Griff hatte, wussten die Tiere nun, dass sie ihn nicht nur überleben würden. Nein, für sie hatte der Winter allen Schrecken verloren. Sie waren, dank Eules wunderbarer Ideen, rundherum zufrieden und abgesichert. Emsig gingen die Tiere tagsüber ihren Geschäften nach, hielten Ausschau nach Essbarem, sammelten Feuerholz und kauften mit ihrem neuen, wunderbaren Geld ein. So vermehrten sie nach und nach das Vermögen des Waldes.

Und wenn sie ihr Tagwerk erledigt hatten, gaben sie sich ganz dem Wintervergnügen hin. Wie oft saß Eule in ihrer Höhle und freute sich über das Lärmen, Quietschen, Juchzen und Lachen von Jungtieren, die sich wilde Schneeballschlachten lieferten. Selbst Egon Platzhirsch war sich nicht zu fein, mitzumachen und ordentlich zuzupacken. Die Enten und Blesshühner nutzten den gefrorenen Waldsee als Schlitterbahn, und die jungen Otter rutschten auf ihren Hosenboden das gefrorene Bachufer hinab. Sie hatten einen unglaublichen Spaß.

Lillie und Waschbär aber genossen ihre wiedergefundene Freundschaft. So oft es ging, saßen sie zusammen und redeten. Oft kam auch Biber auf einen kurzen Plausch vorbei. Und wenn die Wintersonne früh am Abend im eisigen Dunst untergegangen war, huschten Schatten durch den Wald: Die Waldbewohner besuchten sich, brachten Geschenke mit, brieten Äpfel über den knisternden und flackernden Feuern in ihren wiederhergestellten Wohnstuben. Sie erzählten sich gegenseitig und vor allem den Jungtieren von Eules großem Plan, vom bösen Wiesel und wie er fast gewonnen hätte. Und wie das nun mal so ist, wurden über die Zeit aus kleinen Taten ganz großartige und aus dem schwächsten Waldtier ein Muskelprotz der Extraklasse. Aus ihrer durch das Wiesel herbeigeführten Not wurde so ein buntes, schillerndes Abenteuer, dessen Handlung ein besonderer Held beherrschte: Er war pelzig, hatte eine kurze weiße Schnauze mit einer glänzenden schwarzen Nase, einen geringelten Schwanz, war ein recht gemütlicher und kugeliger Geselle – Ihr habt es erraten: Waschbär. Er wurde zum Held des Waldes.

Und endlich nahte der Frühling. Die ersten Schneeglöckchen bohrten ihre noch grün verpackten Knospen durch die Schneedecke, und die Eiszapfen am Flussufer tauten laut tropfend und fröhlich platschend vor sich hin. Die ersten Sonnenstrahlen des Frühlings blendeten die Tiere, so dass manch ein Vogel und manch ein zu flinkes Mäuschen gegen ein Hindernis flog und rannte. Aber wer konnte den Sonnenstrahlen böse sein? Die Luft duftete nach dem ersten Grün, nach der Erde, die unter dem wegtauenden Schnee herauskam. Alles war wunderbar. Die Meisen und Amseln sangen lauthals ihr erstes Frühlingslied. Wer singen konnte, stimmte mit ein, und selbst Biber, der am Fluss bereits an seinem Sommerbau arbeitete, brummte in tiefsten Tönen das Frühlingslied mit.

Alles war gut. Der Wald war bereit für neue Abenteuer, für neue große Pläne. Und Ihr ahnt es, die würden bald kommen.

EIN PAAR ERKLÄRUNGEN ZUM SCHLUSS

Das war ganz schön aufregend: Der Sturm, die Not der Tiere, Eules kluge Ratschläge, die Schuldscheine, das böse Wiesel – da kann einem richtig schwindelig werden. Und das Beste daran ist, dass sich das alles so ereignet hat. Na ja, oder zumindest so ähnlich. Das, was unsere Freunde hier durchgemacht haben, haben viele Menschen schon oft erlebt, in vielen Ländern, zu vielen Zeiten. Klingt merkwürdig? Ist aber so. Und wer jetzt noch Lust hat, etwas mehr darüber zu erfahren, wie ähnlich die Abenteuer unserer Freunde denen von Menschen sind, der sollte jetzt weiterlesen. Also, was ist denn von Eules Ideen zu halten, von der Arbeitsteilung, den Schuldscheinen, den Schlafkugelkrediten und alledem? Hier ein paar Antworten.

 ## Arbeitsteilung

Eigentlich ist das eine ganz einfache Idee: Jeder macht das, was er am besten kann. Nicht jeder Mensch kann alles gleich gut. Aber das ist auch kein Problem, solange man sich die Arbeit aufteilen kann. Zu Hause macht Ihr das bestimmt auch: Einer räumt den Tisch ab, einer macht den Abwasch, einer räumt die Teller ein – das ist auch Arbeitsteilung. Aber wozu soll das gut sein?

Der Vorteil der Arbeitsteilung ist, dass wir dadurch am Ende alle etwas davon haben. Warum das so ist, leuchtet schnell ein: Wer schlecht darin ist, einen Zaun zu streichen, der braucht dafür sehr lange – da hilft es nichts, dass man gut im Nüsse Sammeln ist. Was aber, wenn jemand anderes gut darin ist, den Zaun zu streichen, aber schlecht im Nüsse Sammeln? Dann macht man doch ganz einfach einen Tausch: Einer streicht beide Zäune, der andere sammelt für beide Nüsse, und danach tauscht man. Einmal Nüsse sammeln gegen einmal Zaun streichen – und am Ende haben beide mehr davon.

Ein einfaches Beispiel: Biber braucht, sagen wir, eine Stunde, um einen Baumstamm zu fällen; Lillie braucht hingegen drei Stunden (Hasen sind einfach nicht gut im Bäume Fällen). Lillie hingegen braucht nur eine Stunde, um einen Korb Beeren zu sammeln, der Biber hingegen müsste dafür zwei Stunden durch die Felder streifen. Wenn jeder der beiden nun einen Baum fällen und einen Korb Beeren sammeln will, dann braucht Biber drei Stunden (eine Stunde Baum fällen, zwei Stunden Beeren sammeln) und Lillie braucht vier Stunden (drei Stunden zum Baumfällen, eine Stunde zum Beerensammeln). Das macht zusammen sieben Stunden – drei Stunden Arbeit für Biber, vier für Lillie.

Was aber, wenn die beiden sich die Arbeit teilen? Biber fällt zwei Bäume – macht zwei Stunden Arbeit. Lillie sammelt zwei Körbe Beeren, macht auch zwei Stunden. Das macht insgesamt vier Stunden Arbeit für zwei Bäume und zwei Beerenkörbe. Wenn die beiden sich die Arbeit nicht teilen, dann benötigen sie dafür insgesamt sieben Stunden, also drei Stunden Arbeit mehr. Arbeitsteilung ist also eigentlich etwas für faule Tiere. Oder clevere Tiere. Und auch für Menschen.

Arbeitsteilung braucht Ihr davon abgesehen auch bei großen Gegenständen wie Autos oder Häusern – es wäre wohl ziemlich schwierig, wenn man sich sein Auto oder sein Haus ganz alleine bauen müsste. Und Arbeitsteilung kann auch Spaß machen, weil man sich auf das konzentrieren kann, was man gut kann – wer gerne Bäume fällt, wird auch gut darin sein. Also findet er es sicher besser, nur Bäume zu fällen und einen Baumstamm gegen einen Korb Beeren zu tauschen. Eine tolle Sache, da hat Eule recht.

 ## Schuldscheine

So ein Schuldschein ist eine einfache, aber praktische Idee: Man leiht sich etwas von jemandem, was man dringend braucht, und verspricht auf einem Zettel, dass man das, was man sich geliehen hat, später auch wieder zurückgibt. Das ist sozusagen eine Art schriftliches Ehrenwort, dass man seine Schulden wieder zurückzahlt. Also: Waschbär bekommt heute schon Obst, Getreide oder andere Leckereien und verspricht den Tieren, für diese Leckereien später eine Schlafkugel zu liefern.

Dieses Geschäft hat für beide Seiten Vorteile: Waschbär bekommt sofort Leckereien (er ist ja immer hungrig), und sein Geschäftspartner bekommt später die Schlafkugel. Für den Schlafkugelkäufer hat dieses Geschäft noch einen weiteren Vorteil, den wir erkennen, wenn wir uns an das Birnenproblem von Mutter Eichhörnchen erinnern: Manchmal möchte man eine Leckerei (oder was auch immer) für später aufheben – das geht aber nicht immer: Wenn diese Leckerei verderblich ist, dann verfault sie. Also gibt Mutter Eichhörnchen die Birnen heute den Wasserratten, bekommt dafür zunächst einen Schuldschein und dann später die Schaukel, die sie aber auch wieder gegen ein paar Birnen tauschen könnte. Damit wird der Schuldschein zu einer Art Spardose: Mutter Eichhörnchen gibt heute zwei Birnen gegen den Schuldschein und kann diesen viel später, wenn die Birnen eigentlich schon verfault wären, wieder in zwei Birnen verwandeln (natürlich sind das dann andere Birnen, nicht dieselben, aber das macht ja keinen Unterschied, solange sie auch schmecken).

 ## Zinsen

Aber natürlich hat so ein Schuldschein auch ein Problem, schauen wir uns dazu einmal Mutter Eichhörnchens Problem an: Sie gibt den Wasserratten jetzt gleich das leckere Obst – das sie gerne selbst gegessen hätte –, muss aber nun ein paar Tage warten, bevor sie die Gegenleistung, die Schaukel bekommt. Sie muss also sofort auf etwas verzichten, aber eine Weile auf die Gegenleistung warten. Und: Sie kann sich nicht ganz sicher sein, dass die Wasserratten ihr Versprechen einhalten werden. Das sind gleich zwei Probleme, und Menschen versuchen, dieses Problem durch Zinsen zu lösen. Wenn also Mutter Eichhörnchen den Wasserratten ihr Obst gibt und auf die Gegenleistung, die Schaukel, warten muss, kann sie von den Wasserratten eine kleine Entschädigung dafür verlangen, dass sie warten muss – und diese Entschädigung nennt man „Zinsen".

Insofern hat das böse Wiesel recht: Wenn es auf die Schlafkugel von Waschbär länger warten muss, dann hat es das Recht, für diesen Gefallen eine Gegenleistung, nämlich Zinsen, zu verlangen. Zum Problem wird das aber, wenn das Wiesel – wie in unserer Geschichte – viel zu viel Zinsen verlangt, die dann der arme Waschbär nicht mehr zahlen kann (was natürlich die Absicht des Wiesels war).

 **Geld**

Sobald die Tiere begannen, mit Waschbärs Schuldscheinen untereinander zu handeln, haben sie eigentlich schon Geld eingeführt. Geld, das ist ein Versprechen auf einem Stück Papier, das Versprechen, dass man genau den Gegenwert dessen, was da auf dem Papier steht, bekommt, sobald man dieses Papier auf den Tisch legt. Und wenn jeder daran glaubt, dass man diesen Gegenwert auch bekommt, dann wird jeder einverstanden sein, dieses Papier gegen eine andere, wertvolle Sache einzutauschen.

Genauso haben das die Tiere gemacht: Solange man glaubt, dass man für den Schuldschein von Waschbär auch eine Schlafkugel bekommt, wird man auch andere Sachen gegen diesen Schuldschein tauschen, da ja immer hinter diesem Schein eine echte Schlafkugel steht. Der Trick an der Sache: Selbst wenn man gar keine Schlafkugel möchte, wird man gerne gegen einen Schuldschein tauschen, weil man ihn ja später gegen etwas anderes wieder eintauschen kann.

Und genau das ist Geld: Ein Zettel, auf dem steht, dass man für diesen Zettel etwas Wertvolles bekommt. Was das genau ist (Schlafkugel, Äpfel, Birnen), ist dabei nicht wichtig, wichtig ist nur, dass man weiß, dass dieser Zettel einen Wert hat. Genau das machen die Tiere auch: Sie einigen sich einfach darauf, dass ihr Zettel einen bestimmten Wert hat und dass jeder, der einen solchen Zettel – einen Geldschein – vorlegt, auch Sachen bekommt, die genau diesen Wert haben.

 Inflation

Wann aber klappt das mit dem Geld nicht? In unserer Geschichte klappte das mit den Schuldscheinen nicht mehr, weil es zu viele Schuldscheine gab und zu wenige Sachen, die man damit noch kaufen konnte – die hatte ja das listige Wiesel alle aus dem Verkehr gezogen. Klarer Fall: Wenn ich merke, dass ich für meine Schuldscheine nichts mehr bekomme, dann sind die nichts mehr wert, dann lasse ich die Finger davon.

Genau so ist es mit Geld: Wenn die Menge der Zettel, die als Geld gelten, größer ist als die Menge der Sachen, die man damit kaufen kann, dann gibt es Ärger: Jeder will seine Zettel gegen Sachen eintauschen, aber nicht alle können das (denn es gibt mehr Zettel als Dinge zum Kaufen). Also rennt jeder los und versucht, seinen Zettel gegen etwas Wertvolles zu tauschen, bevor nichts mehr da ist, was man damit kaufen könnte.

Genauso ist es nicht nur unseren Tieren (denken wir an Mutter Eichhorn und ihren vergeblichen Versuch, einen Schuldschein bei den Feldmäusen loszuwerden) ergangen, sondern auch oft genug den Menschen – immer wieder kam es vor, dass es mehr Geld gab als Dinge, die man damit kaufen kann, und dann passierte genau das, was auch in unserem Wald passiert ist.

Die Menschen haben auch einen Namen dafür: Das nennt man „Inflation". Und wenn Ihr Euch erinnert, welche Folgen das für unsere Tiere hatte, dann werdet Ihr auch verstehen, warum auch Menschen Angst davor haben – zu Recht. So eine Inflation ist schlimmer als eine Horde Wiesel im Wald. Aber solange jemand – wie unsere Eule – über die Menge des Geldes wacht, kann das nicht passieren. Wir brauchen also weise Eulen, die über unser Geld wachen.

DIE AUTOREN

Hanno Beck

Dr., Diplom-Volkswirt, war acht Jahre lang festangestellter Wirtschaftsredakteur der Frankfurter Allgemeinen Zeitung und schreibt auch heute noch regelmäßig für die F.A.Z. Der Bestsellerautor (u.a. „Der Alltagsökonom", „Die Logik des Irrtums", „Das kleine Wirtschafts-Heureka") ist seit 2006 Professor für Volkswirtschaftslehre und Wirtschaftspolitik an der Hochschule Pforzheim.

Juliane Schwoch

Dr., ist Kunsthistorikerin und Journalistin. Neben ihrer freiberuflichen Arbeit im Kultursektor schreibt sie vor allem populärwissenschaftliche Artikel. Ihre Labradorhündin Lillie bietet ihr mit großem Einfallsreichtum stetig neues Material für liebe- und humorvolle Tiergeschichten.